東京周辺自転車散歩

丹羽隆志＋中村 規＝著

山と溪谷社

東京周辺自転車散歩

目次

都心散策　011

山の手・下町　047

名栗村
ひがしあがの
むさしよこて
こま
こまがわ
飯能市
西武秩父線
入間川
狭山日高IC
圏央道
川越IC
しんがし
上福岡
しんさやま
かみふくおか
ふじみの
さやまし
狭山市
大井町
関越自動車道
三芳PA
はんのう
ひがしはんのう
もとかじ
いるまし
ぶし
八高線
入間市
いりそ
西武新宿線
岩茸石山
▲793
入間IC
むさしふじさわ
所沢市
しんところざわ
所沢IC
かねこ
さわい
いくさばた
みたけ
ふたまたお
青梅市
ひがしおうめ
青梅IC
埼玉県
こてさし
にしところざわ
ところざわ
ひがしところざわ
あきつ
清瀬
P110
23
P122
狭山湖
25
P130
青梅線
かべ
おざく
はこねがさき
瑞穂町
せいぶきゅうじょう
しんあきつ
ひがしむらやま
ひがしくるめ
多摩湖
羽村市
はむら
東村山市
くめがわ
ひばり
東大和市
東久留米
日の出町
ふっさ
福生市
武蔵村山市
おがわ
こだいら
西東
日の出IC
あきる野市
むさしいつかいち
五日市線
しんこだいら
せいぶたちかわ
ひがしやまとし
あきがわ
西武拝島線
小平市
あきる野IC
はいじま
あきしま
なかがみ
こくぶんじ
小金井
刈寄山
▲687
多摩川
国分寺市
むさしこがねい
たちかわ
くにたち
にしこくぶんじ
昭島市
国立市
20
P10
こみや
石川PA
立川市
府中市
八王子IC
ひの
国立府中IC
ふちゅう
中央自動車道
日野市
たかはた
八王子市
とよだ
ふどう
にしはちおうじ
はちおうじ
多摩市
稲城IC
調布市
南武線
たかお
きたの
せいせき
さくらがおか
中央本線
京王高尾線
ながぬま
多摩都市モノレール
高尾山
▲599
かたくら
八王子バイパス
ながやま
稲城市
さがみこ
はちおうじみなみの
22
P118
京王相模原線
たまセンター
からきだ
わかばだい
みなみおおさわ
くりひら
28
P142
岡田
大島灯台
椿トンネル
海浜遊歩道
あいはら
しんゆりがおか
城山町
はしもと
たまさかい
境川
リス村
泉津
つるかわ
かきお
長根浜公園
みなみはしもと
さがみはら
やべ
元町
ふちのべ
たまがわがくえんまえ
大砂漠
三原山
かみみぞ
相模原市
こぶち
町田市
ばんだ
野増
あおばだい
愛川町
相模線
はらたいま
さがみおおの
まちだ
なるせ
港北PA
地層切断面
筆島
ながつだ
中津川
おだきゅうさがみはら
ひがしりんかん
とおかいちば
差木地
波浮
しもみぞ
相模川
ちゅうおうりんかん
横浜町田IC
大島
N
0
3km
神奈川県
そうぶだいした
つるま

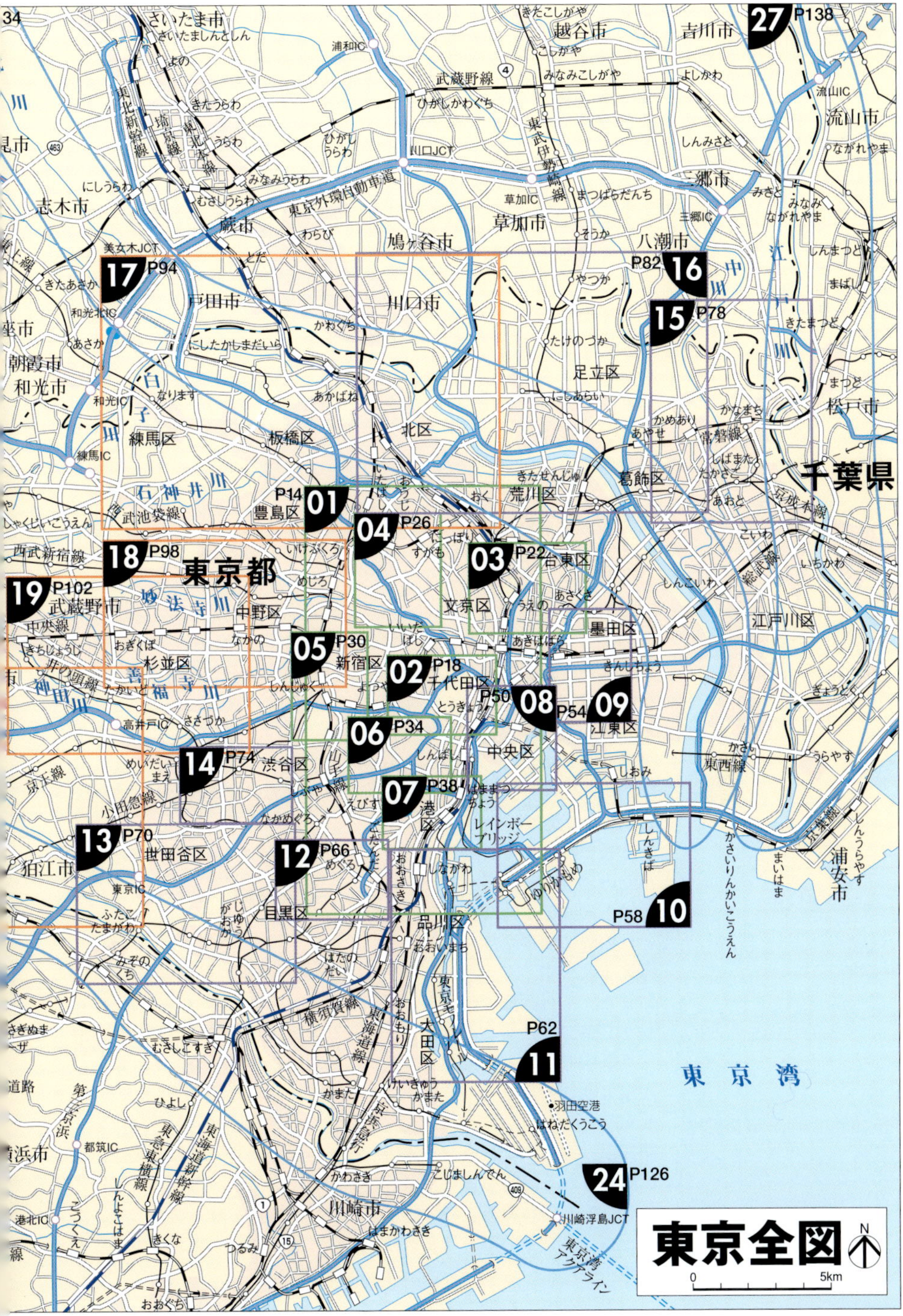
東京全図
0
5km
N
東京都
千葉県
東京湾
さいたま市
越谷市
吉川市
流山市
三郷市
八潮市
草加市
鳩ヶ谷市
川口市
蕨市
戸田市
志木市
朝霞市
和光市
武蔵野市
松戸市
練馬区
板橋区
北区
足立区
葛飾区
荒川区
豊島区
台東区
文京区
墨田区
江戸川区
中野区
杉並区
新宿区
千代田区
中央区
江東区
渋谷区
港区
世田谷区
目黒区
品川区
大田区
狛江市
川崎市
浦安市
17 P94
16 P82
15 P78
01 P14
04 P26
03 P22
18 P98
19 P102
05 P30
02 P18
08 P50 P54
09
06 P34
14 P74
07 P38
13 P70
12 P66
10 P58
11 P62
24 P126
27 P138
34
東京外環自動車道
武蔵野線
東武伊勢崎線
東北新幹線
埼京線
東北本線
西武池袋線
西武新宿線
中央線
井の頭線
京王線
小田急線
山手線
横須賀線
東海道線
京浜急行
東急東横線
東海道新幹線
東京モノレール
京葉線
東西線
総武線
京成本線
東京湾アクアライン
美女木JCT
川口JCT
川崎浮島JCT
羽田空港
レインボーブリッジ
ゆりかもめ
石神井川
妙法寺川
善福寺川
神田川
白子川
中川
江戸川

本書の使い方

【本書の記事や情報について】

本書で紹介している記事や情報は、平成15年10月から12月上旬にかけて、各コースを実走取材してまとめたものです。季節や時間の経過によって状況が変わる可能性もあります。また、駅名、ランドマーク、コンビニエンスストア、レストランなどの位置や名称、営業については、その後に変更されている場合もあります。

各コースの評価（タイトル横のグラフ他）は、取材者が実走取材した印象です。季節や時間、天候等で印象は左右されます。ご注意ください。

地図は正確を期して作成していますが、地図の縮尺によっては細部の道路等をやむを得ず省略している場合もあります。ご了承ください。

【地図上の距離について】

本書で紹介している距離は、市販の地図から計算しています。お持ちのサイクルコンピュータとは距離に誤差が生じることも考えられます。

また、走行距離、時間を併記したプロフィールマップのコース高低表では、水平距離と垂直距離は各コースで同一でありません。そのため、走行距離の長短によってアップダウンの表現に誇張された箇所もあり、コースグレードの「坂道」の評価とも一致していないコースもあります。

【所要時間について】

走行時間を表示しています。休憩、食事、見学など走る以外の時間は含まれていません。所要時間は走行スピードや道路事情などによって、差が生じることもあります。アップダウンのあるコースや市街地、サイクリングロードなどがミックスしているコースでは、時間の算出は状況に応じて出しています。また、コース状況によっては所要時間を長く設定している場合もあります。

原則として、それぞれの区間の所要時間は、5km/h、10km/h、15km/hの3パターンを基準にして計算、表記しています。

5km/h＝都心や市街地などで信号が多く、立ち止まることが頻繁にあるコース。

10km/h＝やや郊外で、都心よりも立ち止まることが少ないコース。

15km/h＝サイクリングロードなど、信号などで止まることがほとんどないコース。

【最寄りの駅／駐車場について】

コースのスタート／ゴールとなる地点からの最寄りの駅、駐車場を紹介しています。輪行で行く場合の参考にしてください。また、駐車場は公共の駐車場、あるいはそれに準じた施設を紹介しています。コースによっては駐車場の記載がなくても、周辺に民間の駐車場がある場合もあります。

【コースグレードについて】

タイトル横の棒グラフでは、各項目のグレードを実走した印象で、以下の基準にそってまとめました。

[距離]
20km未満→1
30km未満→2
40km未満→3
50km未満→4
50km以上→5

[時間]
走行時間（休憩を除いたもの）
2時間未満→1
3時間未満→2
4時間未満→3
5時間未満→4
5時間以上→5

[坂道]
まっ平のサイクリングロードを1として、坂の多さ、標高差の多さに従って、数字を増やしています。

[自動車]
休日の自動車の交通量です。平日ではありません。サイクリングロードを1として、頻繁に車の通るコースを5としています。なお、自転車、歩行者の交通量については、ここでは対象外としています。

[見所]
コース中の見所の多さを表しています。

【本書中の表記について】

道路の名前は、正式名称よりも、一般的に使われている名称を優先させました。例えば、「環状7号線」、「都道318号線」は「環7通り」を使用しています。電車等の交通機関は、スペースの都合上、原則としてＪＲと私鉄が乗り入れているターミナル駅ではＪＲのみを表記、私鉄と地下鉄の両方の駅がある場合は私鉄の線名を入れました。

「川の左岸、右岸」とは、川の上流から下流を見て左側が左岸、右側が右岸のことです。

本文や写真説明に出てくる○囲み数字は、コース上のポイントや目印になる場所を走行順に表示しています。地図上の○囲み数字と合わせて参照してください。

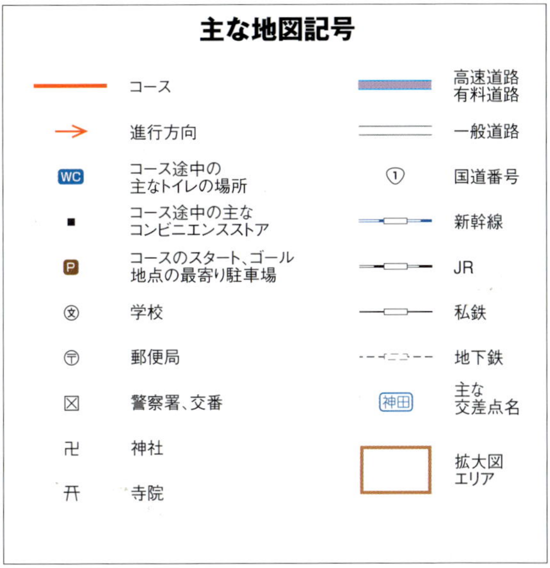

スポーツサイクルに乗ってみよう

自転車は「健康」と「環境」のために優れた乗り物。しかも手軽で、気持ちもいい。いつもは駅や買い物など、移動手段として“なんとなく”乗っている自転車を、気分を変えて“乗ること自体”を楽しむ乗り物にしてみよう。

そのためには、どこを走るかというのが重要だ。クルマの通りの多い所を我慢して走ったのでは、楽しいどころか、かえってストレスがたまるばかりだ。自転車で気持ちよく走れるルート、楽しく走れるルートや場所を選ぶことがとても大切。本書ではそんな観点から東京周辺の28のコースを選んでみた。

また本書では、スポーツサイクルで走ってみよう、と声を大にして提案している。スポーツサイクルといっても、いかつい競技用自転車のことではない。ポイントは変速機がついていること。変速機のおかげで、坂道を走るときや最初の踏み出しがとても楽だし、ヒザなどへの負荷をコントロールできる。

また、体重のすべてを脚で支えるウォーキングやジョギングと違って、スポーツサイクルは自分の体重を脚、オシリ、腕に分散して支えるので、体にも優しい全身運動といえるのだ。

そして、健康のためには、無理のないスピードで走ることが大切。好奇心の赴くままに、心地よいスピードで走っていれば、いつの間にか長い時間走っていることに気がつくだろう。そう、強い負荷で汗だくになることよりも、おしゃべりできるくらい無理のないスピードで、なるべく長い時間走ることが大切。「あ、体脂肪燃焼しちゃってた!」となるのがスポーツサイクルのいいところだ。

クルマや電車の移動では“点”と“点”に見えていた所が、自転車で走ってみると“線”になって見えてくるに違いない。クルマにも電車にも、そして歩きにもない、自転車ならではの行動半径の広さ、スピード、そして風を楽しんでみよう。

自転車のタイプ

自転車は走る路面状況や距離、スピードなどによって、それにふさわしい、
いろいろなタイプがある。目的に適したタイプを選んで楽しもう。　（紹介している自転車は2004年モデル）

マウンテンバイク（リジッド）

フロントサスペンションは今やMTB（マウンテンバイク）の標準装備となった。このタイプをリジッドという。価格もさまざまで、最も選択肢のある自転車のタイプといえる。オフロードも含めて楽しみたい人には、これがピッタリ。トレック／4500

マウンテンバイク（フルサス）

前後にサスペンションを搭載したモデルも、MTBの主流といっていいほど。こちらも基本的にはオフロード用だが、都会の小さな段差なども、スルリと越えてくれるのはうれしい。スペシャライズド／スタンプジャンパーFSR

ロードバイク

スピード感を楽しむことを追求して、突き詰めたのがこのタイプ。ドロップハンドルには慣れが必要だが、ハンドル上のいろいろな場所を握り替えることができるので便利だ。ブリヂストン・アンカー／RCS5

クロスバイク

ロードバイクの精悍さと、MTBのリラックスした乗り心地の中間を狙ったモデル。扱いやすいフラットなハンドルに細身のタイヤは、都会をのんびりと散策するにも適している。ビアンキ／バッソ

コンパクトサイクル

18インチなどの小さなホイールのモデルの総称。ホイールが小さいので、踏み出しが軽いのが特徴。ストップ&ゴーの多い都心には適している。折り畳めるモデルも多く、保管や列車などでの移動も手軽。R&M／BD-1

リカンベント

リカンベントとはあお向けの意味があり、前傾姿勢ではなく、背中を伸ばして、ペダルを前に向かって踏むのが特徴。小回りは効きづらいが、個性的なルックスで、注目度も高い。ジャイアント／リバイブｉ3

都心散策
7コース

山手線をぐるっとひとまわり。都心の顔を発見する

山手線一周

東京都心を周回する山手線。下町、繁華街、日々新しくなっていく街をすべて見ることができる山手線沿線は現代東京の縮図だ。

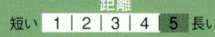

項目		1	2	3	4	5	
距離	短い	1	2	3	4	**5**	長い
時間	短い	1	2	3	4	**5**	長い
坂道	少ない	1	2	3	**4**	**5**	多い
自動車	少ない	1	2	**3**	**4**	**5**	多い
見所	少ない	1	2	3	**4**	**5**	多い

コース

JR東京駅丸の内中央口❶ →(4km 25分)→ JR上野駅❸ →(3.5km 20分)→ JR西日暮里駅❺ →(4km 25分)→ JR大塚駅❼ →(2km 15分)→ JR池袋駅西口❽ →(5km 30分)→ JR新宿駅西口❿ →(4.2km 25分)→ 国道246号線⓫ →(4.5km 25分)→ JR五反田駅⓭ →(3.5km 20分)→ JR品川駅⓯ →(4.5km 25分)→ JR浜松町駅 →(3.5km 20分)→ JR東京駅丸の内中央口❶

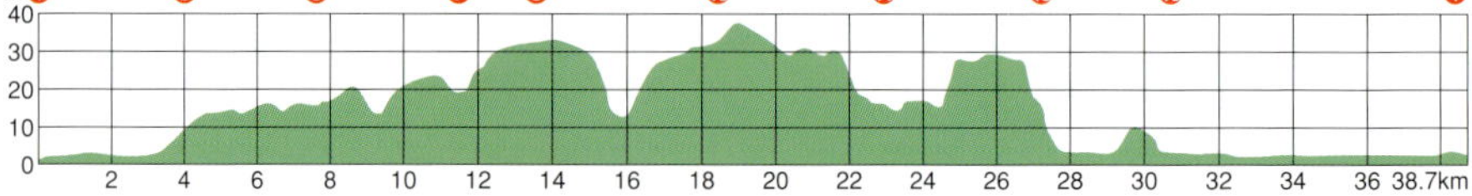

データ

●エリア＝千代田区、中央区、港区ほか
●距離＝約38.7km
●時間＝約3時間50分
●スタート／ゴール＝JR東京駅
●最寄駅＝JR東京駅
●駐車場＝丸の内駐車場（東京駅丸の内口正面）／24時間営業／10分100円／☎03-3212-0711

アドバイス

距離があるので、時間配分を考えると同時に休憩も十分取る必要がある。キオスクや駅前のコンビニを有効活用しよう。輪行袋を持参しておくと突然の雨、時間切れの際など、山手線に乗って移動できるので何かと便利だ。

線路脇を走るのはなかなか気分のよいものだ。建物が遠いので空が広いからだろうか

⑤富士見坂。天気がよければ、毎年1月末と11月中旬には富士山頂に沈む夕日を見ることができる

ＪＲ東京駅①から神田川までは線路の近くを走る。途中、神田駅を過ぎると中央線と山手線が分かれるので注意。神田川の手前で中央通りに出て万世橋を渡り、上野駅まで中央通りを走る。左右に秋葉原の電気街②が建ち並ぶ。

中央通りを通って上野駅③に着いたら日暮里駅までは線路とつかず離れずで走る。線路に沿って上野の山を上り、鶯谷駅から東京芸術大学、谷中霊園を通って日暮里駅へ。さらに諏訪台通りを西日暮里駅⑤に向かって走る。途中の富士見坂④は、東京23区では数少なくなった富士山の見える富士見坂だ。

西日暮里駅から大塚駅⑦までは基本的に線路沿いを走り続ける。田端駅と駒込駅の間には山手線にふたつしかない踏切のうちのひとつがある⑥。大塚駅から池袋に向かうころから町並み

に下町らしさが消える。池袋駅北口の地下道を押して西口⑧に出て、池袋を抜ける。西武池袋線の高架前に山手線のもうひとつの踏切⑨がある。

少し上品な目白、いかにも学生街の高田馬場、国際色豊かな新大久保の３駅を通って、新宿に向かう。新宿駅西口⑩ロータリーではタクシーの動きに注意が必要だ。

甲州街道と小田急線の踏切を越え渋谷区に入ると、街の雰囲気ががらっと変わったような気がする。代々木駅を通って原宿を目指す。皇室専用のホームを過ぎたら原宿だ。原宿駅前からは国道246号線を渡るまでは明治通りを走る。国道246号⑪線を渡るときは自転車横断道を利用する。山手線沿いに戻ったら、五反田駅⑬まで再び線路沿いを走る。恵比寿駅の先の急坂を越えると視界が開け、恵比寿ガーデンプレイスのビルが見える⑫。目黒駅を過ぎたら線路沿いに坂を下り、首都高速２号線を越えたら五反田の町だ。

五反田駅を過ぎたら目黒川の手前で線路をくぐり内側を走る。線路を越えてきた山手通りと合流して大崎駅。ここから線路を離れて御殿山ヒルズに向かう。御殿山ヒルズの中の緑道⑭を通って国道15号線に出たら、品川駅東口⑮方面を目指す。品川駅から新橋にかけては再開発が進み高層ビルが建ち並ぶ。坂がなくなり運河が流れていることもあり、海が近いことを実感。ビルの谷間を縫って汐留⑯まで走ったら、新橋駅からは線路に沿って、東京駅へ。

②秋葉原電気街。中央通りは道幅が広いが、路上駐車や自転車の逆走、斜め横断が多いので注意が必要だ。休日は歩行者天国になる。問合せ＝万世橋警察署／☎03-3257-0110

⑥現在、山手線には踏切が2箇所存在している。これはその中のひとつ、田端～駒込間の踏切

⑨そしてこちらは、2箇所ある中のふたつ目、池袋～目白間の踏切

渋谷駅から五反田駅までは、山手線を横に見て走る区間がほとんどだ

⑫恵比寿ガーデンプレイスの脇を走る。壁のレンガ色が落ち着いた雰囲気を感じさせつつ、美しい

⑭御殿山ヒルズの庭園でちょっとひと休み。リラックスも大切

⑰汐留のビル群とゆりかもめ。品川から新橋にかけては再開発された新しいビル群が目を楽しませてくれる

ちょっと立ち寄りポイント

①JR東京駅

東京駅丸の内口は赤レンガの堂々とした建物

東京駅は大正3年に東北本線の起点として開業。当時は左右に円形ドームを持つ3階建てだったが、第2次大戦で消失、再建時予算の問題で八角形ドームに2階建ての現在の姿となった。丸の内南口には原首相暗殺現場、駅構内には浜口首相狙撃現場のほか、開業当時の支柱が残るホームもある。そのほかホテルやギャラリーでもその歴史を感じることができる。

山手線一周

都電荒川線
JR常磐線
みかわしま
急な下り坂。下りきった道は交通量多し。スピード注意
にっぽり
上り坂。後ろから来るクルマに注意
首都高速1号上野線
地下鉄大江戸線
JR総武線
うぐいすだに
うえの 3
上野公園
不忍池
おかちまち
あきはばら
電気街 2
万世橋
路上駐車、斜め横断や逆走してくる自転車、歩行者多し
コンビニ
谷中霊園
東京芸大
上野桜木
東京大
せんだぎ
にしにっぽり 5
富士見坂 4
たばた
WC
上り坂、対向車に注意
地下鉄南北線
東京ドーム
すいどうばし
おちゃのみず
くだんした
明治通り
JR東北・上越新幹線
東北・上越新幹線
JR東北本線
踏切 6
こまごめ
六義園
旧古河庭園
かみなかざと
文京区
すがも
にしすがも
春日通り
地下鉄丸ノ内線
サンシャインシティ
おおつか 7
早稲田大
鬼子母神
踏切 9
学習院大
池袋駅西口 8
かなめちょう
立教大
豊島区
地下鉄有楽町線
めじろ
下り坂。スピード注意
新目白通り
地下鉄東西線
たかだのばば
ロッテ新宿工場の脇を走る。ガムの香りがただよう。
戸山公園
しんおおくぼ
新宿区
せいぶしんじゅく
道がよくクルマが少ないので気持ちよく走ることができる
おおくぼ
しもおちあい
おちあい
しんいたばし
しもいたばし
いたばし
A
東日暮里
にっぽり
天王寺
谷中
行き止まりの標識あり
国立博物館
東京都美術館
上野公園
上野動物園
上野高
東京芸大
うぐいすだに
うえの
B
北大塚(三)
JR山手線
東池袋(二)
おおつか 7
橋をくぐる
西巣鴨橋
池袋六ツ叉陸橋
明治通り

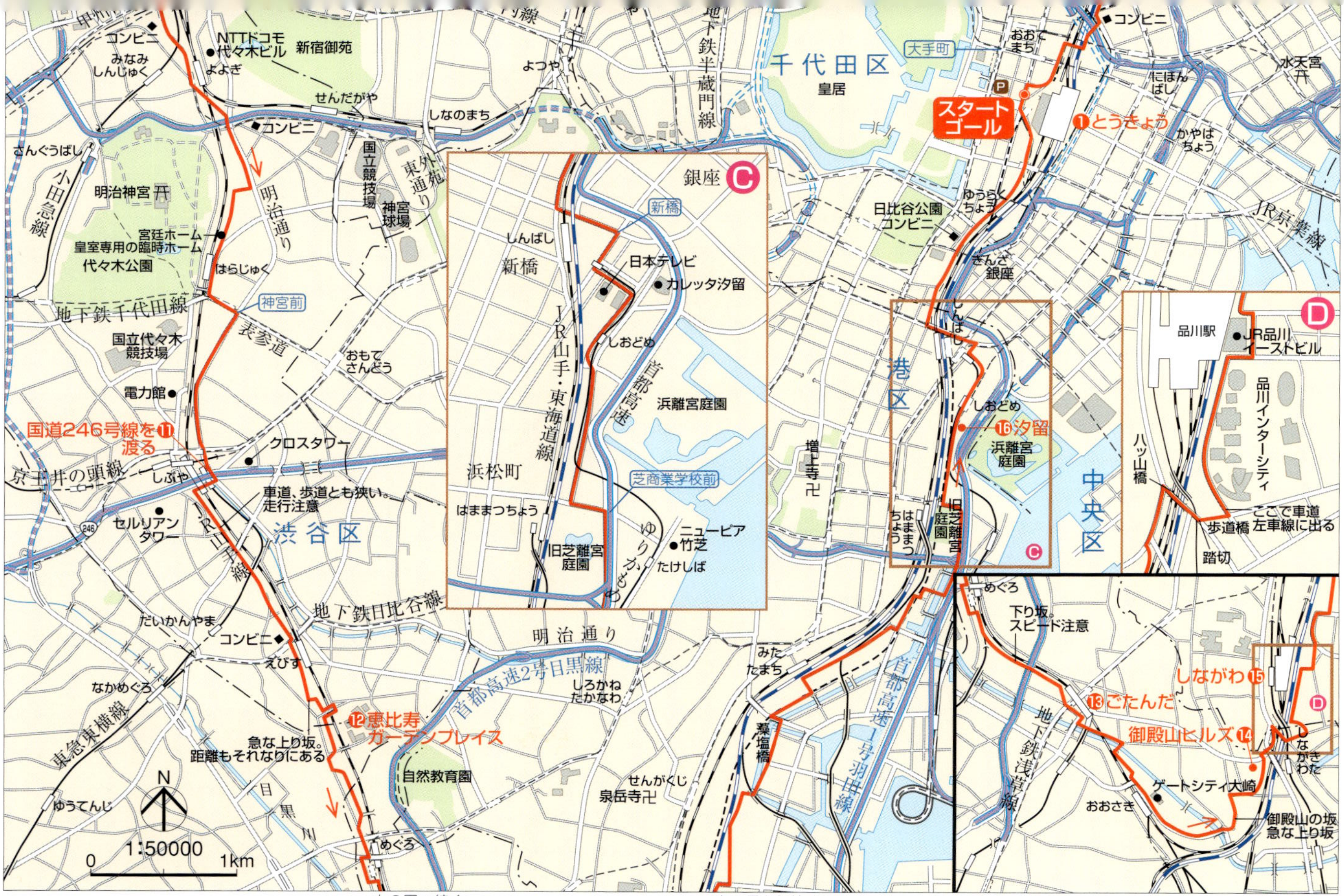

右の図へ続く

右の図から続く

02

広々とした空間に驚きながらも、ニッポンの中心を実感

皇居とその周辺

広々とした皇居周辺、緑溢れる北の丸公園、国会議事堂、そして迎賓館などを結ぶ日本の中心満喫ルート。東京在住の人も、そうでない人も、一度は走ってみたい。

距離	短い	1	2	3	4	5	長い
時間	短い	1	2	3	4	5	長い
坂道	少ない	1	2	3	4	5	多い
自動車	少ない	1	2	3	4	5	多い
見所	少ない	1	2	3	4	5	多い

コース

日本武道館❶ → 1km 10分 → 墓苑入口交差点❹ → 2km 20分 → 迎賓館前❼ → 1km 10分 → ボートハウス弁慶橋❿ → 1.5km 20分 → 国会議事堂正門⓬ → 0.8km 5分 → 桜田門⓭ → 2km 25分 → 竹橋⓱ → 1km 10分 → 日本武道館❶

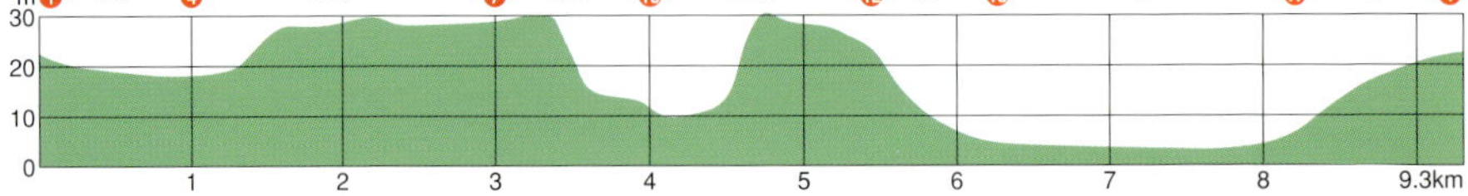

データ

●エリア＝千代田区、港区
●距離＝9.3km
●時間＝約1時間40分
●スタート／ゴール＝千代田区・北の丸公園（日本武道館前）
●最寄駅＝地下鉄九段下駅
●駐車場＝北の丸公園駐車場／8:30～22:00／3時間まで400円。以降1時間ごとに100円／☎03-3212-2321

アドバイス

日曜日は驚くほど交通量が少なくなり、また皇居の東側一帯はパレスサイクリングコースとなる。日曜は特にお薦め。1年を通して楽しめるが、春先から初夏にかけては、色とりどりの花を楽しめる。街路樹の葉が色づく11月も美しい。

⑮皇居の西に位置する半蔵門付近。春先のお堀の土手沿いは、菜の花の黄色いじゅうたんとなる

⑩弁慶橋ボートハウスでは、ボートに乗ってトラウトフィッシングを楽しむこともできる。http://www.maidokun.com/benkei/

日本武道館①をスタートして靖国通りに出る。右手に靖国神社②を見ながら最初の角を左折、千鳥ガ淵沿いの桜並木③を走る。左手には千鳥ガ淵と北の丸公園が見える。そして首都高速の車の列が近づいてくる。内堀通りを横断して四谷に向かう。途中、滝廉太郎が住んでいたことを示す標識と「荒城の月」の歌碑⑤が立っている。明治32年（1899）ごろからドイツに留学する明治34年（1901）4月まで居住し「花」「荒城の月」等多くの作品は、この地で作られたとある。短いアップダウンを繰り返しながら走ると、新宿通りに突き当たる。道が広いため視界が開けるのと同時に、いきなり都会の喧騒の中に放り込まれたような気になる。

四谷見附の脇を通り四谷見附橋⑥を渡って左折すると、迎賓館⑦が正面に見える。迎賓館は

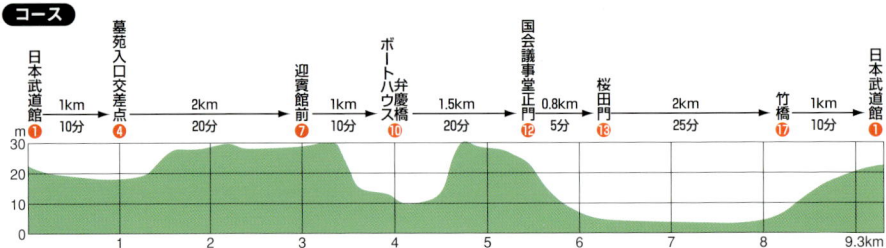

明治42年（1909）に東宮御所として建造され「赤坂離宮」と呼ばれていたが、昭和49年（1974）に賓客の接遇を行うための施設として開設された。日本最初の洋風宮殿だ。

迎賓館から紀尾井坂⑧へ抜けて紀尾井町通りを赤坂見附に向かう。通りの左手には清水谷公園⑨がある。公園にはこの付近で暗殺された大久保利通の追悼碑がある。このほか玉川上水で使われていた石枡が追悼碑の右奥にひっそりと展示されている。右手のホテルニューオータニ側には高級ブランドショップが並ぶ紀尾井町通りは、春になると八重桜が通りを彩る。

紀尾井町通りの端、弁慶堀に架かる弁慶橋の脇にはボートハウス⑩があり、釣りも楽しめる。赤坂見附で国道246号線を渡ったらプルデンシャルタワーの手前を左折する。細く急な坂、新坂⑪を上ると右手に日比谷高校がある。この坂は別名「遅刻坂」とも呼ばれているが、その理由がわかる。さらに走り、国会議事堂⑫の正面から桜田濠に向かって坂を下り、桜田門⑬をくぐって皇居外苑を走る。左手に皇居、右手に丸の内や大手町のビル群を眺めながら走るのは爽快だ。二重橋、桔梗門（右手には東京駅が見える）、大手門、平川門と皇居の周りを走り、竹橋⑰から坂を上って北の丸公園に入る。北の丸公園内では西側の森の中を走る。一瞬自分が東京の真ん中にいることを忘れそうなくらいの緑の濃さ。

その緑を抜けると目の前に突然、日本武道館が現れる。

①日本武道館より、ニッポンの中心を巡る小旅行が始まる

⑫国会議事堂。正面に向かって右手が参議院、左手が衆議院

⑤滝廉太郎住居跡。「荒城の月」の歌碑がある。歌詞だけかと思ったら楽譜付きだった

⑭桜田門の前にある法務省。明治28年建築で、重要文化財となっている

⑦迎賓館は接遇に支障のない夏季を選んで毎年一般公開されている。申込みは5月ごろ行われる。詳しくは総務省のホームページ＝http://www8.cao.go.jp/geihinkan/

パレスサイクリングコース。皇居前の内堀通りの祝田橋から平川門までの片道約1.7kmは、日曜日の10時から16時までは完全にクルマがシャットアウトされ、自転車天国となる。この区間だけのレンタサイクルもある。問合せ＝自転車産業振興協会／☎03-5572-6412（月～金曜日10:00～17:00）、☎03-3211-5020（開催日10:00～15:00）
丸の内警察署／☎03-3213-0110

ちょっと立ち寄りポイント

⑯皇居東御苑

江戸の時代を思い浮かべる場所。ここが都心とはとても思えない

意外と知られていないが、江戸城本丸、二の丸、三の丸跡地の公園は散策を楽しむことができる。大手門、平川門、北桔橋から入る。自転車の入園は禁止。

開園時間＝9:00～16:00（11月～2月は～15:30まで）、行事で支障のある日、月曜日（祝日の場合は翌日）、金曜日（祝日の場合は開園）休み
問合せ＝☎03-3213-2050

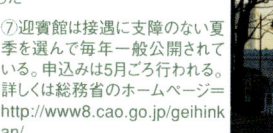

皇居とその周辺

都心散策

目白通り
ホテル
グランドパレス
目白通り
くだんした
白山通り
九段下
じんぼうちょう
神保町
神田神保町
⊗明治大
しんおちゃのみず
駿河台下
神田小川町
おがわまち
あわじちょう
九段坂上
昭和館
WC
田安門
丸段南
千代田区役所
❶日本武道館
ゴール
スタート
P
売店
WC
北の丸公園
千鳥ガ淵
科学技術館
WC
P
東京国立⑱
近代美術館
P
戦没者墓苑
首都高速都心環状線
ジェイシティ
東京
⊗共和女子
大・短大・高
地下鉄半蔵門線
東京電機大⊗
神田署
YMCA
神田錦町
⑰竹橋
毎日新聞社
たけばし
丸紅
内神田
平川橋
平川門
北桔橋
気象庁
東京消防庁
江戸城天守閣跡
コンビニ
三井物産
大手町
⑯皇居東御苑
地下鉄東西線
宮内庁病院
読売新聞社
UFJ銀行
大手町ビル
コンビニ
大手門
大手門
おおてまち
パレス
ホテル
大手町
皇居
蔵門
宮内庁
和田倉
噴水公園
WC
地下鉄千代田線
地下鉄丸ノ内線
坂下門
内堀通り
WC
和田倉門
とうきょう
丸ビル
祝田橋～平川門にかけて
日曜日はサイクリングコースと
して開放される
にじゅうばしまえ
二重橋
皇居前広場
皇居外苑
地下鉄三田線
東京中央局
丸の内
二重橋前
JR山手・京浜
東北・東海道線
桜田門⑬
砂利が敷かれている
自転車走行不可
お堀～内堀通りにかけて
自転車やランナーが多い
WC
馬場先門
さくらだもん
政
念館
警視庁
祝田橋
東京国際
フォーラム
東海道新幹線
国会前
⑭法務省
帝国劇場
国土交通省
ひびや
総務省
WC
日比谷
ぎじどうまえ
霞ガ関
丸の内署
日比谷公園
ゆうらくちょう
交通会館
外務省
かすみがせき
銀座
マリオン
新橋へ

東京の中に今も残っている江戸・明治・大正・昭和

浅草、上野下町散策

江戸の下町文化の中心である浅草寺界隈、
下町の生活を身近に感じられる谷中、学生の街・本郷、
のんびりと、ふだん着の下町を感じながら走りたい。

距離	短い	1 | 2 | 3 | 4 | 5	長い
時間	短い	1 | 2 | 3 | 4 | 5	長い
坂道	少ない	1 | 2 | 3 | 4 | 5	多い
自動車	少ない	1 | 2 | 3 | 4 | 5	多い
見所	少ない	1 | 2 | 3 | 4 | 5	多い

コース

浅草雷門① → 2.1km 20分 → 鷲神社③ → 2km 25分 → JR日暮里駅④ → 1.3km 15分 → 根津神社⑥ → 1.3km 15分 → 東大赤門⑦ → 1.4km 15分 → 旧岩崎邸庭園⑧ → 1.4km 15分 → 国立博物館正門⑩ → 1km 15分 → 入谷鬼子母神⑪ → 1.8km 20分 → 菊屋橋交差点⑬ → 0.9km 10分 → 浅草雷門①

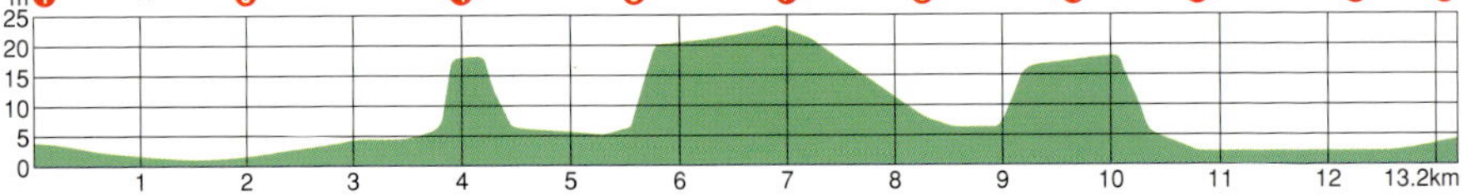

データ

●エリア＝台東区、荒川区、文京区
●距離＝13.2km
●時間＝約2時間30分
●スタート／ゴール＝浅草・雷門
●最寄駅＝地下鉄銀座線浅草駅
●駐車場＝台東区雷門地下駐車場／7:00〜23:00／30分200円／時間外(23:00〜7:00)は出入不可。30分50円／☎03-5827-5660

アドバイス

下町といえば自転車。地元の人たちの自転車利用率は非常に高い。と同時に、自転車絡みの交通事故が多いのも事実だ。急な飛び出しや横断、見通しの悪い路地での出会い頭等、注意が必要。あまりスピードを上げず、いつでも止まれる、避けられるように気をつけたい。

不忍池の畔にある駅伝の碑。上野恩賜公園は夜間(23:00〜5:00)入園禁止

①雷門。正式には風雷神門。慶応元年(1865)に消失して以後、約100年間、雷門は存在しなかったが、昭和35年(1960)に現在の門が再建された

雷門①を出発したら、仲見世の側道を伝法院通りまで走り、そこから浅草寺の脇を回って二天門②に出る。浅草寺は草創628年、すでに1300年以上の歴史がある都内最古の寺。創建以来庶民の寺として親しまれてきた。

言問通りに出たら左折、国際通りで右折し、浅草酉の市で有名な鷲神社③を右手に見ながら鷲神社交差点を左折、日暮里に向かう。下谷、根岸など今の下町の町並みを肌で感じつつ走る。

ＪＲ日暮里駅④で線路を越えたら谷中だ。広めの階段「夕やけだんだん」を降りると谷中銀座⑤。60軒を超す店が所狭しと並ぶ、昔ながらの商店街だ。ふだん着の下町を実感するには最適だ。

谷中銀座を過ぎたら左折、300ｍほど走り横断歩道を渡ると突然、道がくねくねと曲がり出す。「へび道」と呼ばれるこの道は、藍染川が暗渠化されたもの。昔

の川を感じつつ走ろう。

へび道を過ぎたら右折、不忍通りを渡ると根津神社⑥だ。境内左手にあるつつじ苑は春になると約50種3000株のつつじが咲き乱れる。神社前の新坂を上り突き当たりを左に曲がると東京大学の塀が現れる。本郷通りに出たら左手に大学を見ながら走る。交差点や信号の少ない直線は快適だが、クルマも飛ばしているので注意が必要だ。正門からは銀杏並木と安田講堂を見ることができる。さらに走ると赤門⑦がある。赤門は将軍家から大名家に子女が嫁いだとき、その御殿の門を丹塗りにしたことから俗に呼ばれるのだが、火災等で焼失したら再建してはならないという慣習があったため多くは焼失し、唯一現存するのがこの赤門なのだ。

本郷３丁目の交差点を左折、本富士警察の角をさらに左折して龍岡門から大学の外塀に沿って走り、坂を下ると右手に旧岩崎邸庭園⑧。さらに不忍通りに出て上野公園に入ろう。不忍池を半周して弁天堂⑨が左に見えたら右折、道路を渡って坂を上り桜並木へ抜ける。桜が咲く季節はきれいだが、花見客が押し寄せているので残念だが自転車には適さない。噴水脇を抜けて東京国立博物館の入口前⑩を右折。ＪＲの線路を越えて入谷へ向かう。入谷鬼子母神⑪を過ぎて金竜小学校前交差点を右折すると、かっぱ橋道具街⑫。食器や調理器具、看板など、見ていて飽きない。道具街の終わる菊屋橋交差点⑬を左折。駒形橋の手前で左に曲がると雷門だ。

②二天門。日光東照宮とともに建てられた浅草東照宮の随身門として建てられた。関東大震災、戦災を越え奇跡的に現存する

⑤谷中銀座は下町の商店街らしさを残している。これも商店街の人たちの心意気の賜物だ

③鷲神社。ふだんは酉の市の喧騒が嘘のよう様に静かな神社だ

⑦赤門。文政10年（1827）、11代将軍家斉の娘、溶姫が加賀藩13代藩主前田斉泰に嫁入りしたときに建てられた

⑥根津神社。1900年前に日本武尊が創祀したと伝えられている。5代将軍綱吉の時代に現在の場所に移った。4月中旬から下旬の間、境内のつつじ園（入園料200円）では約50種3000株のつつじが咲き乱れる

⑫かっぱ橋道具街。プロアマ問わず食器や調理用具を求め多くの人がやってくる

ちょっと立ち寄りポイント

⑧旧岩崎邸庭園

洋館は近代日本を代表する木造西洋建築といわれている

明治29年（1896）に、三菱創設者岩崎家本邸として建てられた。洋館、撞球室（ビリヤード場）、和館が現存している。毎週日・月・水・金曜日の11:00からと14:00からの2回、ガイドツアーも行われている。

入園時間＝9:00～16:30
入園料＝一般、中学生400円、65歳以上200円、小学生以下及び都内在住・在学の中学生無料
問合せ＝☎03-3823-8340

都心散策

03

浅草、上野下町散策

荒川区
東日暮里(一)
みのわ
明治通り
三ノ輪
三ノ輪2
三ノ輪
日本堤(二)
東日暮里(四)
根岸(五)
地下鉄日比谷線
日本堤(一)
金木曽小
根岸(四)
金木曽小前
竜泉(三)
一葉記念館
飛不動前
昭和通り
土手通り
吉原大門
コンビニ
下町ならではの古い町並みを見ることができる
見返り柳
西徳寺前
正宝院(飛不動)
千束(四)
根岸(三)
竜泉(一)
柳通
西徳寺
鷲神社前
コンビニ
吉原神社
金杉通り
下谷(二)
❸鷲神社
千束(三)
根岸1
金美館通り
⑪入谷鬼子母神
大正小
千束(二)
コンビニ
いりや
浅草(五)
コンビニ
入谷
入谷(一)
浅草5
下谷(一)
コンビニ
千束小
千束通り
浅草署
上野局
言問通り右側には横断歩道なし。左側を渡る
コンビニ
コンビニ
金竜小
馬道通り
入谷鬼子母神は道の左側。歩道を走る
金竜小前
言問通り
西浅草3
松が谷(四)
生涯学習センター
浅草(三)
北上野
⑫かっぱ橋道具街
コンビニ
左衛門橋通り
下り坂。急カーブ注意
松が谷(三)
西浅草(三)
馬道
バイク街
花やしき
浅草神社
上野学園
浅草ビューホテル
首都高速1号線
ウインズ浅草
合羽橋
浅草寺
❷二天門
東上野(六)
台東区
東上野(五)
伝法院
仲見世通り
松が谷(二)
西浅草(二)
ROX
台東区役所
路上駐車、自転車、歩行者の斜め横断に注意。歩道を走るときは商品(特に食器類)に気をつけよう
上野署
浅草(一)
あさくさ
松屋
いなりちょう
東京西本願寺
❶雷門
松が谷(一)
スタートゴール
浅草通り
西浅草(一)
WC
東上野
浅草局
雷門
あさくさ
吾妻橋
菊屋橋⑬
清洲橋通り
たわらまち
駐車場は道路の下
寿4
地下鉄銀座線
コンビニ
あさくさ
新堀通り
駒形橋
白鴎高
国際通り
隅田川
しんおかちまち
春日通り
地下鉄浅草線
首都高速6号線
平成小
N
くらまえ
1:15000
寿
0
200m
厩橋
浅草へ

おばあちゃんの原宿から学生の街まで、都の西北をひと回り

都電に沿って東京散歩

サンシャインの喧騒を脱出して都電沿いに走ると、
おばあちゃんの原宿・巣鴨。ここから公園を眺めつつ
坂を上り下りして、学生の街・早稲田に向かう。

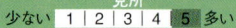

距離	短い	1	2	3	4	5 長い
時間	短い	1	2	3	4	5 長い
坂道	少ない	1	2	3	4	5 多い
自動車	少ない	1	2	3	4	5 多い
見所	少ない	1	2	3	4	5 多い

コース

データ

●エリア＝新宿区、豊島区、文京区
●距離＝12.6km
●時間＝約2時間40分
●スタート／ゴール＝池袋・サンシャインシティ
●最寄駅＝地下鉄有楽町線東池袋駅
●駐車場＝サンシャインパーキング／24時間営業／30分250円／☎03-3989-3452

アドバイス

このコース、見所が多いだけでなく、思いのほか坂も多い。のんびり走りたいときは無理せず上り坂は押した方がよいだろう。目的に応じて楽しく走りたい。

②都電向原駅は国道254号線を挟んで両側にある

⑩鉄砲坂。都内でも有数の急坂ではないかと思われる。自転車で上るにしても、歩いて押すにしても、出だしから気合が必要だ

サンシャインシティ①を出発したら豊島郵便局の脇を通って国道254号線に出る。右折すると200ｍで都電向原駅②だ。向原駅から都電沿いにＪＲ大塚駅③まで走る。ＪＲの高架をくぐったら都電の脇には道がなくなるので、折戸通りを庚申塚交差点④に向かう。庚申塚で右折すると「おばあちゃんの原宿」巣鴨地蔵通り商店街⑤だ。道路はいつも混みあっているので、気をつけて走りたい。

庚申塚交差点から約600ｍ進むと、左手に、とげぬき地蔵尊⑥で有名な高岩寺がある。商店街を抜けたらＪＲ巣鴨駅前⑦。山手線を渡り、白山通り、不忍通りを通って小石川植物園⑧方面へ向かう。植物園前交差点から播磨坂を上って春日通りを右折、地下鉄茗荷谷駅、跡見学園を過ぎたら大塚１丁目交差点⑨を左折して道なりに走る。下り

坂を下りきったら音羽通りだ。
音羽通りから首都高速５号線の下を走り鉄砲坂⑩を上る。細く曲がっていておまけに急、歩いて上るのも大変なくらいだ。鉄砲坂を上りきって道なりに走ると目白通りに出る。目白通りを渡ってから左に進み「この先階段・二輪車自動車は通行できません」と書かれた標識⑪が立っている道に入っていく。その先にあるのが胸突坂⑫。確かに階段だ。坂の両側には永青文庫、関口芭蕉庵と、歴史に所以のある建物が続く。

胸突坂を下りると神田川が流れている。駒塚橋⑬を渡り新目白通りに出ると、正面はリーガロイヤルホテル。ホテルの左手から早大通りを通って早稲田大学の正門へ。右手に大隈講堂⑭を見ながら大隈通りに入って、都電早稲田駅⑮に向かう。大隈通りはいかにも「早稲田」といった感じの店が脇を固めている。

都電の駅から線路沿いに面影橋⑯まで走ったら右折する。道なりに進むと目白不動尊金乗院⑰がある。金乗院から目白通りに向かって上る坂が宿坂である。別名「くらやみ坂」。昔はこのあたりは樹木が生い茂り、昼も暗かったから名づけられたといわれている。

目白通りを渡ると商店街があり、それを通り抜けると都電鬼子母神前駅⑱だ。ここから雑司ヶ谷方面に向かって都電の近くを走る。雑司ヶ谷霊園⑳の脇を通り線路を渡ると、正面にサンシャイン60が見える。首都高速５号線をくぐったらサンシャインシティは目の前だ。

⑤巣鴨商店街、通称「おばあちゃんの原宿」

⑫胸突坂。坂の上の永青文庫は日・月曜日及び祝日が休館、入館料は500円。坂の下の関口芭蕉庵は月曜日休館、入館無料。ともに開館時間は10:00～16:30

⑥とげぬき地蔵尊高岩寺。自分の治したいところをガーゼで拭うと調子がよくなるといわれている「洗い観音」で有名

⑭大隈講堂。早稲田大学のシンボル。ゴシック様式で演劇に使えることが、建設にあたっての当時の総長の注文だったという

⑧小石川植物園は東京大学付属の植物園。入園券は向かいのパン屋で買う

早稲田界隈。「角帽」の看板が店の前に出ている。この風景は早稲田以外では見られないのでは?

⑱都電鬼子母神前駅からしばらく都電沿いを走ることができる。道路と関係なく線路が走っている所が多いので、都電沿いを走ることができる場所はあまり多くない

ちょっと立ち寄りポイント

⑲鬼子母神

都電鬼子母神前駅から約200m、途中樹齢400年の木もあるというけやき並木を通って境内に入ると樹齢600年の銀杏の木がある。本殿は昭和50年代に江戸時代の姿に復元するための修理が行われた。入谷鬼子母神同様、角の付かない鬼の字が用いられている。
http://www.kishimojin.jp/index.html

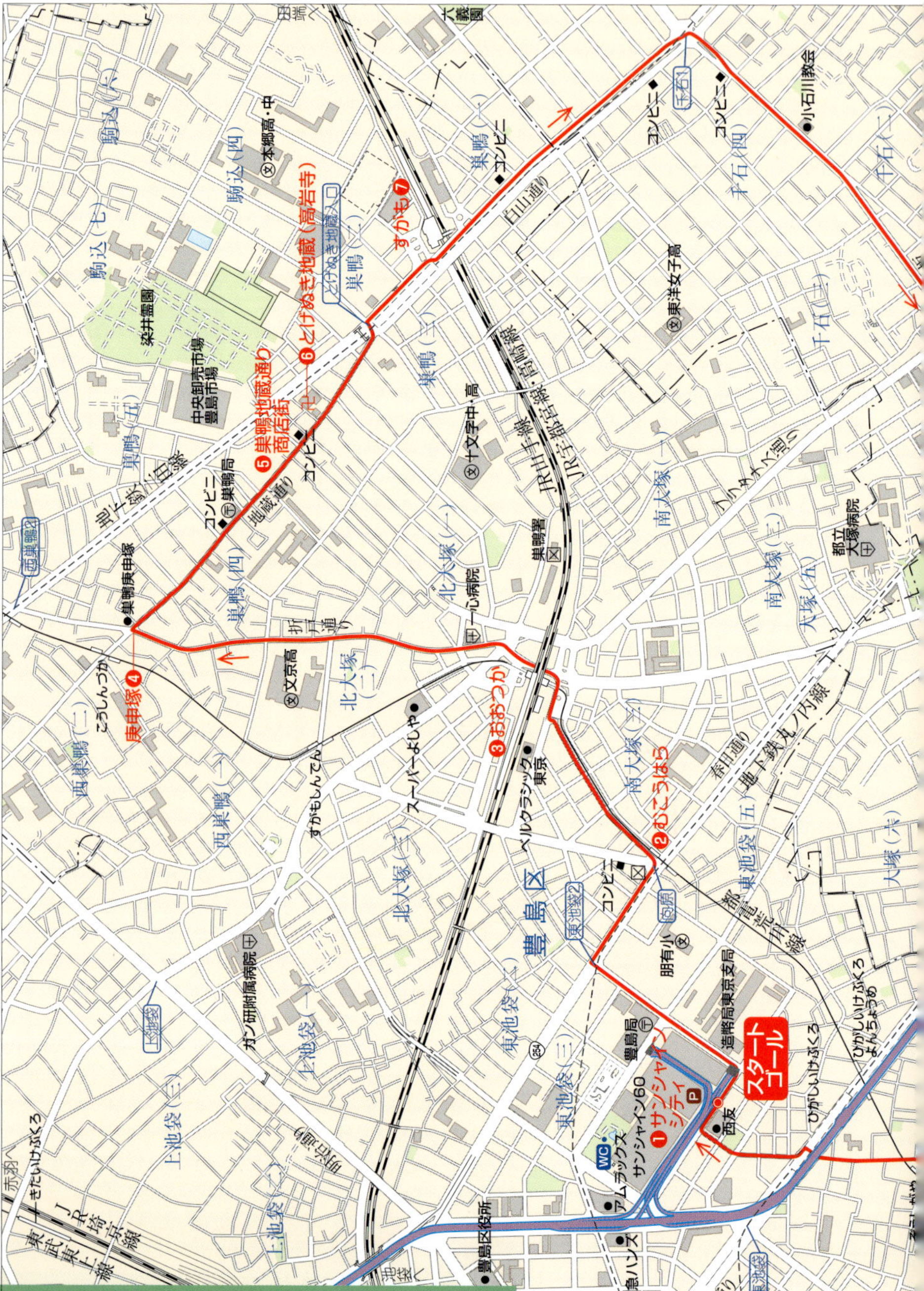

04 都電に沿って東京散歩

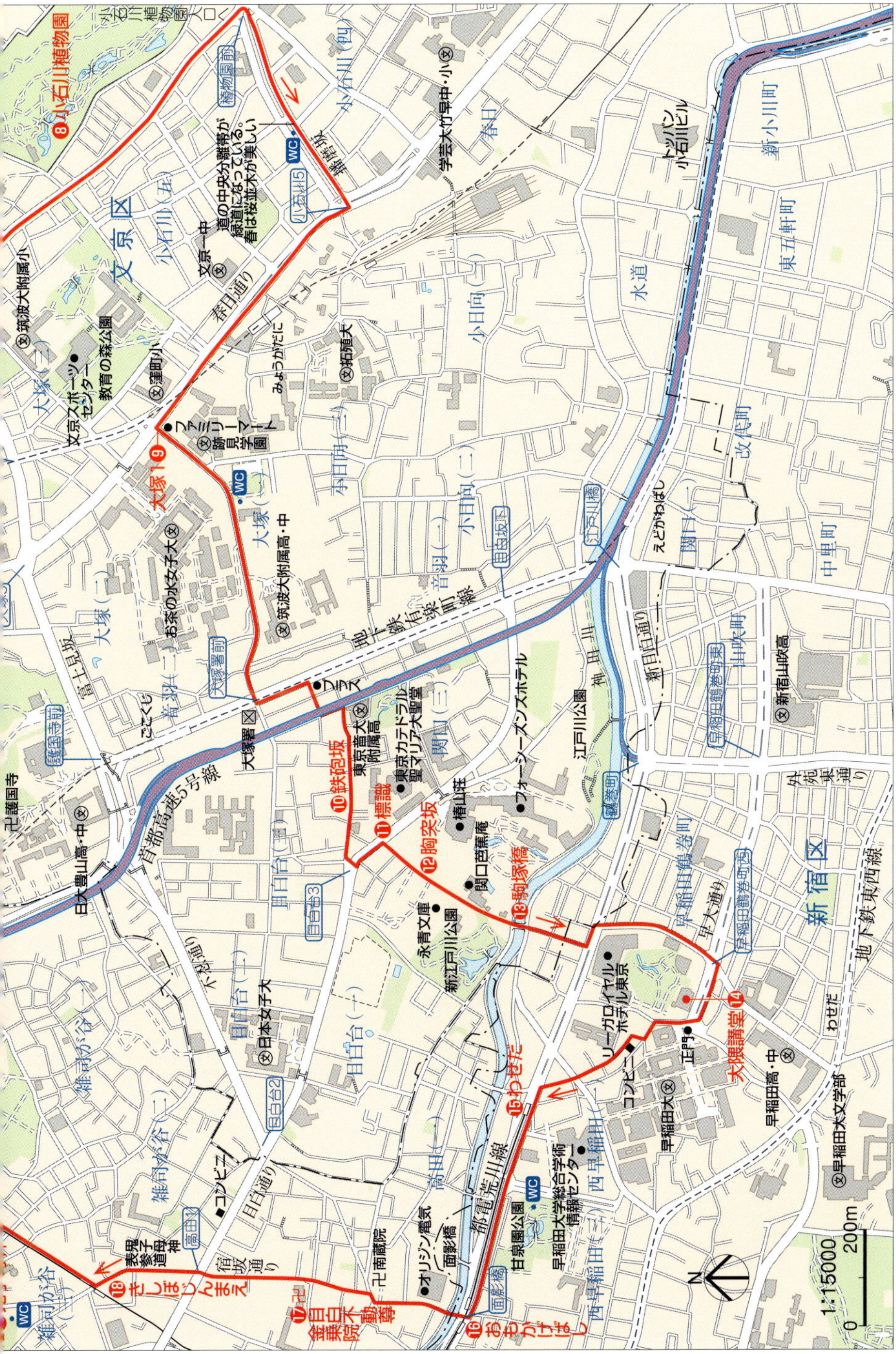

8小石川植物園
文京区
新宿区
道の中央分離帯が緑道になっている。春は桜並木が美しい。
播磨坂
春日通り
大塚1丁目
9
お茶の水女子大
筑波大附属高・中
護国寺
首都高速5号線
10鉄砲坂
11標識
12胸突坂
13駒塚橋
14大隈講堂
15わせだ
16おもかげばし
17目白不動 金乗院
18きしぼじんまえ
東京カテドラル聖マリア大聖堂
椿山荘
関口芭蕉庵
永青文庫
新江戸川公園
フォーシーズンズホテル
江戸川公園
神田川
リーガロイヤルホテル東京
早稲田大
早稲田大学総合学術情報センター
甘泉園公園
都電荒川線
日本女子大
目白通り
不忍通り
新目白通り
早大通り
外苑東通り
地下鉄有楽町線
地下鉄東西線
1:15000
0
200m

05

23区内で最も高い「地面」に立って、東京の高さを実感しよう。

新宿副都心と23区内最高峰登頂

23区の最高地点は新宿区にある。その最高地点を始め、新宿周辺の公園を巡る。都会の喧騒や新宿副都心の高層ビル群と緑深い公園とのギャップを楽しみながら走る。

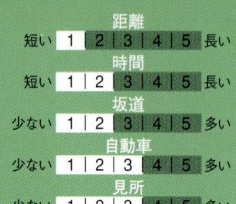

距離	短い	1	2	3	4	5	長い
時間	短い	1	2	3	4	5	長い
坂道	少ない	1	2	3	4	5	多い
自動車	少ない	1	2	3	4	5	多い
見所	少ない	1	2	3	4	5	多い

コース

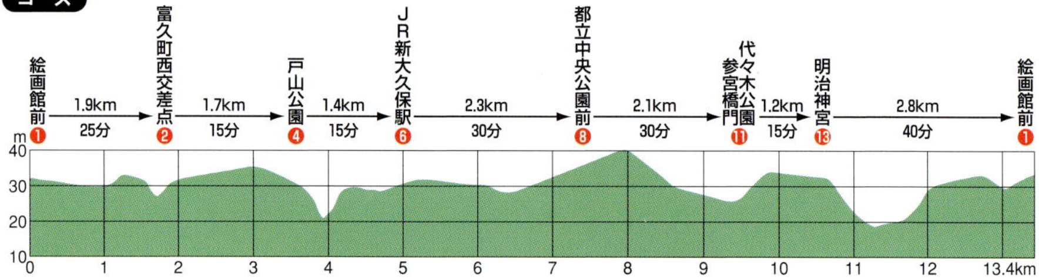

データ

●エリア＝新宿区、渋谷区
●距離＝13.4km
●時間＝約2時間50分
●スタート／ゴール＝絵画館前
●最寄駅＝JR信濃町駅
●駐車場＝絵画館駐車場／6:00～21:00（3月1日～11月30日）、7:00～21:00（12月1日～2月末日）。ただし、ナイター開催日はナイター終了後1時間まで／1日1回1000円／☎03-3401-0787

アドバイス

外苑西通りや大久保通りなど、自動車の交通量が多い道を通るので、車道を走る場合には後ろから来る車には十分気をつけるようにしよう。また、歩道を走る場合は歩行者が多い場合があるので、さらに注意が必要だ。

大久保通りを離れて西新宿のビル群に向かう。

⑧都庁前の道は広く走りやすい。その分自動車も飛ばしている場合が多いので注意しよう

絵画館前①を出発したら国立競技場の周りを回って外苑西通りに出て右折、新宿方面に向かう。車の交通量が多いので注意すること。外苑西通りは富久町西交差点②で靖国通りに突き当たる。突き当たったら左折、次の四谷電話局前交差点で右折、路地に入ると一転して静かで、ちょっと湿気のある町並みが現れる。東京医科大学の塀沿いから、まねき通りを過ぎると抜弁天③だ。抜弁天から戸山公園④へ向かう道はタクシーの抜け道になっているので後から来るタクシーには充分気をつけて走ろう。

戸山公園に入ると、箱根山を示す標識にしたがって箱根山⑤へ向かう。途中で道が山道の階段のようになるが、最後の上りの階段までは押していける。この階段だけは急なので、自転車は階段の脇に止めて最高点まで歩いていこう。

箱根山から下りてきたら再び自転車に乗って公園内を走り、明治通り側の出口を目指す。大久保通りに戻ったらＪＲ新大久保駅⑥方面に向かう。明治通りを越えると多国籍な町、大久保らしい雰囲気になってくる。道幅が狭くクルマも人も多いので注意して走ろう。

ＪＲ新大久保駅、ＪＲ大久保駅を過ぎ、小滝橋通りを越えたら３つ目の信号を左折⑦、道なりに走ると正面に西新宿のビル群が見えてくる。青梅街道に突き当たったら左折して最初の信号、成子天神下交差点で青梅街道を横断する。左手にセンチュリーハイアットが見え、都庁と新宿中央公園の間⑧を抜けると道の真ん中に首都高速の入口がある。ここでは春夏秋冬様々な顔を見せる公園と、四季を通じて変化のない高層ビルとの対比を楽しんで走るのもよいだろう。

甲州街道に突き当たったら右折、西参道口交差点⑨から参宮橋⑩方向に走り、そこから代々木公園の参宮橋門⑪に向かう。代々木神園町の信号の左側が参宮橋門。ここから代々木公園⑫に入る。先ほど走ってきた新宿のビル群が緑の向こうに見える。代々木公園を抜けた左手は明治神宮⑬。ただし、明治神宮内は自転車の乗入れが禁止されている。

明治神宮から明治通りに向かって坂を下り、そのまま直進。旧渋谷川遊歩道⑭で左折する。川だったことがよく分かる蛇行した道の両側には、ストリートファッションのショップが並ぶ。道なりに進んで左から来る道に合流したら、神宮前３丁目交差点⑮を渡り、まっすぐスタジアム通りに突き当たる⑯まで走る。そこから秩父宮ラグビー場、神宮球場、国立競技場の横を通って絵画館前に到着する。

①聖徳記念絵画館。ちょっと意外な感じがするが、ここは新宿区である

大通りから路地に入ると、別の新宿が姿を現す

③抜弁天は参道が社に対して左右に抜けていることからその名がついたとされている

⑫代々木公園は東京オリンピックの開催を記念して造られた

⑤階段脇に自転車を止めて、これを登れば箱根山頂上、23区内で最も高い「地面」だ

⑬明治神宮は初詣の参拝者が多いことで有名だが、入ってみるとそのスケールの大きさにも驚くはずだ

⑭旧渋谷川遊歩道には小規模なファッションブティックが並び、それを目当てに人が集まる

ちょっと立ち寄りポイント

④戸山公園（箱根山）

頂上には三角点と方位、そして標高44.6mを示す石板がある

標高44.6mのこの地が東京23区内の最高地点だ。この周辺は尾張徳川家下屋敷だったが、箱根山は屋敷内の庭園に作られた築山、つまり人工の山である。周りのビルの方が高い上に、木にも遮られて頂上からの眺望は望めない。ただし、冬は木の葉がなくなり視界が広がる。

新宿副都心と23区内最高峰登頂

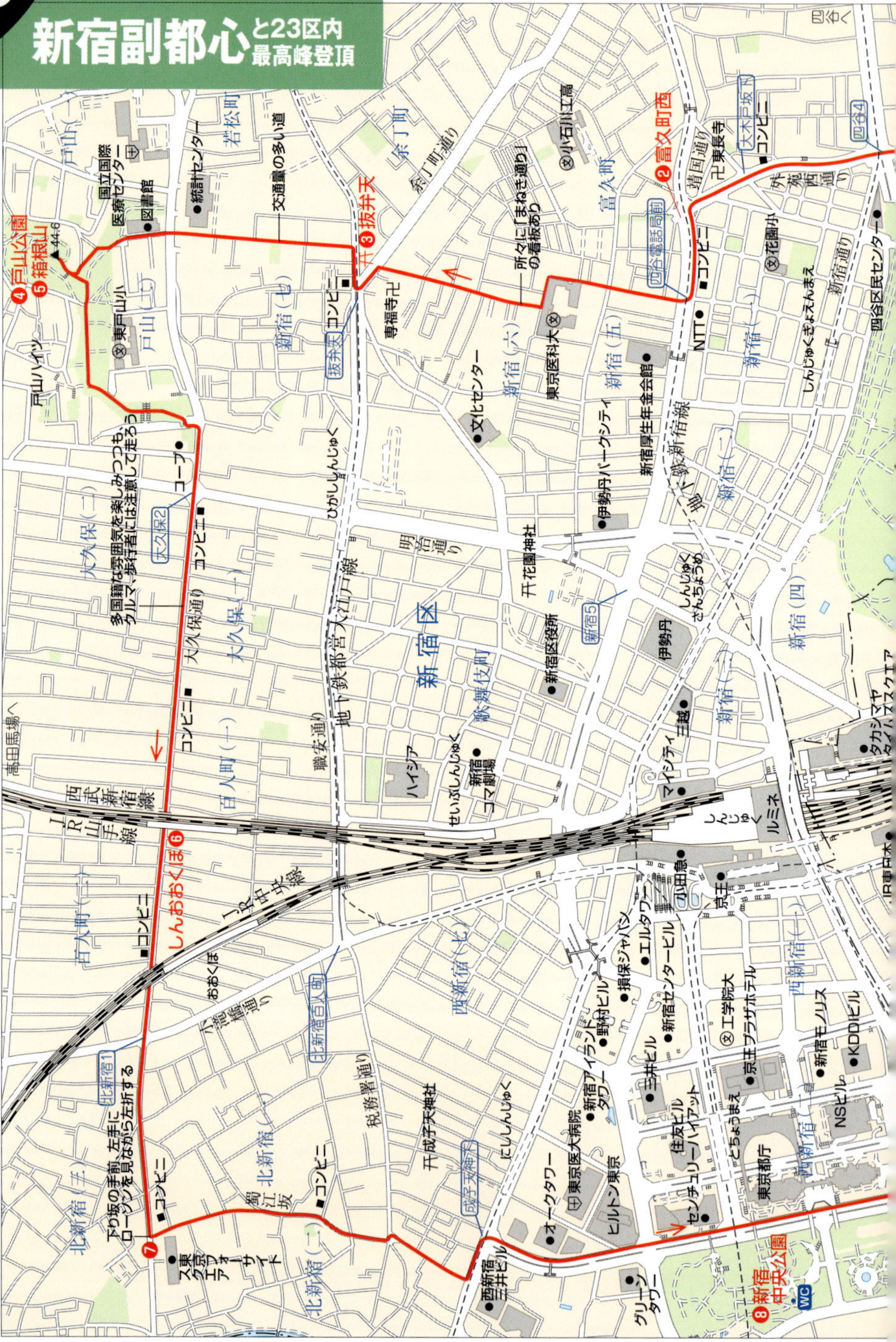

①絵画館
スタート ゴール
明治神宮外苑
日本青年館前
神宮球場
秩父宮ラグビー場
WC
コンビニ
⑯ がいえんまえ
N
1:15000
0 200m
246
国立競技場
こくりつきょうぎじょう
日本青年館
外苑西通りは交通量が多い。走行注意
慶應病院
西洋庭園
中ノ池
下ノ池
東京体育館
せんだがや
外苑西通り
仙寿院
国立能楽堂
JR中央線
千駄ヶ谷(四)
千駄ヶ谷(五)
千駄ヶ谷(二)
千駄ヶ谷(三)
明治通り
渋谷区
皇室専用ホーム
JR埼京線
JR山手線
青山高
北青山
神宮前3
ベルコモンズ
神宮前(二)
神宮前(三)
神宮前(一)
青山キラー通り
⑮
旧渋谷川遊歩道
歩道橋手前を左折
東郷神社
竹下通り
原宿クエスト
ラフォーレ
ティーズ原宿
コンビニ
⑭
神宮前
表参道
はらじゅく
神宮橋
一の鳥居
大鳥居
北参道
南参道
南池
⑬明治神宮
西参道
明治神宮宝物殿
首都高速4号線
●NTTドコモ
よよぎ
みなみしんじゅく
代々木ゼミナール
代々木(一)
代々木(三)
代々木(四)
代々木(五)
■コンビニ
⑨
西参道口
参宮橋 ⑩
さんぐうばし
クルマがスピードを出して走っていることが多いので注意
小田急線
オリンピック記念青少年総合センター
⑫代々木公園
かつては陸軍練兵場。戦後、米軍の宿舎ワシントンハイツ、そしてオリンピック選手村を経て、昭和42年(1967)、公園になる
原宿門
国立代々木競技場
渋谷へ
公園西門
⑪参宮橋門
代々木神園町
よよぎこうえん
よよぎはちまん
代々木上原へ
地下鉄千代田線

06

東京都のどまん中でヒルクライミングを思う存分堪能する

赤坂から六本木

港区には坂が多い。自転車で走るとそれを体で感じることができる。
そしてひとつひとつの坂には歴史がある。
坂の上下の案内に説明されているので、歴史を頭で感じよう。

距離	短い	1	2	3	4	5	長い
時間	短い	1	2	3	4	5	長い
坂道	少ない	1	2	3	4	5	多い
自動車	少ない	1	2	3	4	5	多い
見所	少ない	1	2	3	4	5	多い

コース

データ

●エリア＝港区、新宿区
●距離＝17.1km
●時間＝約3時間40分
●スタート／ゴール＝絵画館前
●最寄駅＝JR信濃町駅
●駐車場＝絵画館駐車場／6:00〜21:00（12月1日〜2月末日7:00〜21:00）。ただし、ナイター開催日はナイター終了後1時間まで／1日1回1000円／☎03-3401-0787

アドバイス

坂が多いうえに、斜度も大きい。ペース配分を考えて無理なく走ろう。また、下りではブレーキをしっかりかけて、坂下ではしっかり停止できるようにしよう。また、脇道からの車や人の飛び出しには十分注意が必要だ。

⑮正式名は日本電波塔。333mの電波送信用鉄塔というのが本来の姿

②絵画館前の銀杏並木は秋になると美しい光景を見せるが、その他の季節もそれなりに趣がある

絵画館①から銀杏並木②を通って青山通りへ。そのまま青山通りを赤坂見附③まで走る。赤坂見附で横断歩道を渡ったら少し戻って一ツ木通りに入る。浄土寺の参道を過ぎたら次の交差点④を右折、約400mの直線は後半上っている円通寺坂⑤だ。坂の頂上から今来た道を見下ろすと壮観。円通寺坂の次はS字に下る稲荷坂⑥だ。坂を下った道路の手前ではしっかり一時停止できるようにスピードをコントロールしよう。左折して最初の信号を左へ。坂を上ったら正面の坂は上らず右折。赤坂５丁目交番前交差点を渡り、ふたつ目の角を左折。左手にホテルニュー赤坂を見ながら直進。突き当りを右折すると正面は氷川坂。すぐ左折すると転坂⑦。傾斜はないが、昔は道が暗くて人がよく転んだらしい。勝海舟邸跡の大銀杏⑧を見て氷川坂⑨に戻り、南部坂⑩を下ると六本木通りに出る。

六本木通りを溜池方面に進み、赤坂ツインタワーの先の信号⑪で横断。ほとんど斜度を感じない榎坂を走り、アメリカ大使館⑫の角から霊南坂を上り、ホテルオークラの塀沿いに走り江戸見坂を下る。江戸見坂下の信号を右折、３つ目の信号で愛宕通りを右折すると、道路の右側に壁のような石段が現れる。愛宕神社⑬だ。出世の石段、桜田門外の変の水戸浪士集結場所、勝海舟と西郷隆盛の会談場所等々、エピソードには事欠かない。

愛宕山のトンネル⑭を抜け東京タワーに向かおう。芝高校前の坂を上ると東京タワー⑮が聳え立つ。東京タワー前を通り過ぎたら赤羽橋交差点を右折、そこから３つ目の信号で右側の道に入り、狸穴坂⑯へ向かう。最初は緩やかな坂だが次第に斜度が大きくなっていく。上りつくと正面に麻布郵便局⑰がある。左折し六本木方面に向かう。

飯倉片町の交差点を過ぎて緩い上り坂を六本木交差点⑱まで走ったら、裏路地を戻る。六本木通りの裏とは思えない細いクランクを走り、東洋英和女学院に沿って走りながら坂を下り、上る。シンガポール大使館沿いを走って突き当たりを左折すると鳥居坂⑲だ。

鳥居坂下の交差点を過ぎて麻布十番温泉⑳の角を右折、道なりに走ると正面に六本木ヒルズ㉑が見えてくる。ゲートタワーの裏からレジデンスを抜けて、けやき坂を上りきったら突き当たりを左折、まっすぐ愛育病院前㉒交差点まで走り、右折。北条坂、鉄砲坂と続く坂を下る。西麻布の町を抜けて北坂㉓を上ったら根津美術館㉔。そのまま直進すると表参道だ。表参道交差点㉕からは青山通りを銀杏並木まで走り、絵画館に戻る。

⑤本コース最初の上り坂、円通寺坂。遠くからずっと上りが見えているので心の準備ができる

⑬徳川家光の「階段上の梅を馬で取って来い」という命に答えた丸亀藩の曲垣平九郎は「馬の名手」の名を欲しいままにした。以来出世の石段と呼ばれている。愛宕神社男坂

⑭都心、それも海まで近い所にアンダーパスではないトンネルがあることに驚く。愛宕トンネル

⑥逆にその次の稲荷坂は突然始まり突然終わる。いずれにしても上ったり下ったりが続くのだ

㉑けやき坂から森タワーを見上げる。写真左下のけやき坂コンプレックスには一般用駐輪場がある（7:00～24:00）

港区の坂の上下には名前と由来を説明した標識が立っている。これは南部坂の説明

㉓北坂。本コース最後の坂。これが終わればあとはほぼ平らな道が続く

ちょっと立ち寄りポイント

①聖徳記念絵画館

外観を特徴づけているドームは中に入って見上げると圧観

明治天皇・皇后の御聖徳を後世に伝えるために作られた。明治天皇・皇后に関わる歴史画が年代順に80枚展示されている。

開館時間＝9:00～17:00、無休。最終入館16:30（12月30日～1月2日は10:00～17:00）

入館料＝大人500円、大・高校生300円、中・小学生200円

問合せ＝☎03-3401-5179

新宿区
❶絵画館
国立競技場
スタート
ゴール
WC
明治神宮外苑
権田原
外苑東通り
赤坂御用地
日本青年館
神宮球場
❷銀杏並木
国学院高
北青山
青山1
あおやま
いっちょうめ
青山通り
赤坂局
青山ツインビル
山王病院
青山キラー通り
秩父宮ラグビー場
青山高
神宮前
ホンダビル
地下鉄半蔵門線
地下鉄銀座線
稲荷坂
坂を下った所、
出会い頭の事故に注意
コンビニ
がいえんまえ
外苑前
ベルコモンズ
南青山
青山3
歩道も車道も
混雑、走行注意
乃木神社
乃木坂陸橋
港区
明治神宮へ
のぎざか
地下鉄大江戸線
外苑西通り
南青山(三)
青山霊園
桜
並
木
㉕表参道
おもてさんどう
六本木(七)
紀ノ国屋
青山小
六本木トンネル
南青山(五)
渋谷へ
㉓北坂
岡本太郎記念館
㉔根津美術館
西麻布(一)
骨董通り
長谷寺
大安寺
青山学院大
西麻布(二)
南青山(六)
西麻布
㉑六本木ヒル
ホテルグランド
ハイアット東京
けやき坂コンプレックス
渋谷区
六本木通り
高樹町
地下鉄日比谷線
コンビニ
N
南青山(七)
西麻布(四)
西麻布(三)
常陸宮邸
麻布消防署
1:15000
0
200m
東京女学院中・高
日赤病院下
広尾
元麻布
日赤医療センター
鉄砲坂
北条坂
愛育病院前㉒
麻布高・中

06 赤坂から六本木

皇居
国会図書館
憲政記念館
赤坂見附3
WC（地下）
赤坂
コンビニ
エクセル東急ホテル
ベルビー赤坂
あかさか
みつけ
コンビニ
一ツ木通り
永田町
国会前
警視庁
法務省
プルデンシャルタワー
日比谷高
国会議事堂
国土交通省
総務省
日枝神社
浄土寺
4
赤坂（四）
赤坂（三）
外務省
円通寺坂
円通寺通り
かすみがせき
霞ガ関
首相官邸
山王パークタワー
ためいけさんのう
外堀通り
財務省
円通寺
経済産業省
TBS
あかさか
赤坂駅前
地下鉄千代田線
霞ガ関ビル
7
転坂
赤坂（二）
8 勝海舟邸跡
銀座線
とらのもん
赤坂ツイン11
タワー
榎坂
虎の門病院
虎ノ門1
赤坂小前
氷川坂9
アメリカ12
大使館
汐見坂
新橋へ
氷川神社
南部坂10
赤坂（一）
虎ノ門（二）
坂を下った所、
出会い頭の事故注意
全日空ホテル
霊南坂
ホテル
オークラ
虎ノ門（一）
アークヒルズ
虎ノ門3
江戸見坂
通りの右側の
歩道を走って
愛宕神社へ向かう
公園
六本木（二）
アメリカ大使館宿舎
ホテルオークラ別館
西新橋
ろっぽんぎ
いっちょうめ
愛宕
愛宕1
虎ノ門パストラル
六本木（一）
城山ヒルズ
愛宕神社13
地下鉄三田線
首都高速3号線
六本木
プリンスホテル
泉ガーデンタワー
首都高速都心環状線
六本木（三）
テレビ東京
14
トンネル
愛宕神社前
NHK放送博物館
慈恵医大病院
18 六本木
地下鉄南北線
神谷町
ラフォーレ
ミュージアム
かみやちょう
青松寺
飯倉片町
芝学園下
麻布台（一）
オランダ大使館
コンビニ
御成門
東洋英和
女学院
道狭い。
芝中・高
正則中・高
愛宕署
17 麻布局
おなりもん
六本木（五）
コンビニ
飯倉
16
狸穴坂
ロシア大使館
芝公園3
東洋英和
女学院高・中
六本木ヒルズ
ゲートタワー
於多福坂
東京プリンスホテル
WC
東京タワー15
麻布台（二）
東京タワー前
狸穴公園
港区役所
芝公園
WC
桜田通り
増上寺
19 鳥居坂
鳥居坂下
新一の橋
東麻布
注意
坂下に信号あり。
スピードの出しすぎに
あざぶ
じゅうばん
麻布十番
赤羽橋
芝公園
メルパルク東京
一の橋

都心散策

07

海あり、坂あり、港区の南半分をほぼ1周

港区ぐるりと周遊

港区は東京の中でも坂道が多いことで知られている。
東京港から坂道の町へ、変化に富んだコースを体力で登りきる、
走りきる面白さが、このコースの魅力だろう。

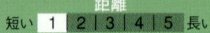

距離	短い	1	2	3	4	5	長い
時間	短い	1	2	3	4	5	長い
坂道	少ない	1	2	3	4	5	多い
自動車	少ない	1	2	3	4	5	多い
見所	少ない	1	2	3	4	5	多い

コース

データ

●エリア＝港区
●距離＝17.4km
●時間＝約3時間
●スタート／ゴール＝JR浜松町駅
●駐車場＝周辺に民間駐車場あり

アドバイス

このコースは輪行を設定して紹介しているが、車を使う場合、浜松町駅周辺で駐車場を探すか、コース途中にある鳥居坂下交差点近くの麻布十番公共駐車場を使うことになる。全体に交通量が多いコースなので休日が絶好のチャンス。坂道も多い。距離は長くないがけっこう急な坂があるのでギアつき自転車が効果を発揮するだろう。

②ニューピア竹芝入口には船の帆のモニュメントが建っている

⑮狐坂を下れば狸坂の急登が待っている。昔、この坂に狸が出没して通る人を困らせたという

スタートはＪＲ浜松町駅①。海へ向かって真っ直ぐ走るとニューピア竹芝②。東京港の対岸の広々とした景色が気持ちいい。さらに、ゆりかもめの高架線下を走るとレインボーブリッジ③だ。見上げれば巨大な橋桁に圧倒される。レインボーブリッジを後に、札の辻交差点④を渡り慶応大学正門前辺りから安全寺坂⑤を上る。少し走って蛇坂⑥を下り、今度は幽霊坂⑦を上る。いずれも名前はおどろおどろしいが心配無用。案内標識も建てられているので迷うことはない。次に魚藍坂⑧を下りきる１本手前、左側の道を今度は上る。右手には高松宮邸だ。

伊皿子坂を下れば赤穂四十七士でおなじみの泉岳寺⑨に到着。山門前から左手に進み住宅街の細い道を上っていく。車道で突き当たり左折すれば、超レトロな高輪消防署⑩が左手に現れる。さらに国道１号線を横切って桑原坂を登る。右手の八芳園⑪正面入口は堂々とした門構え。目

黒通りを左折して300mほど走り白金台交差点を右折。外苑西通りの坂道を下る。この辺りはプラチナストリートとも呼ばれおしゃれなお店が並んでいる。

500mほど下り左にガソリンスタンド、右にマンションが建つ信号のある道で右折。急な坂道に入る。突き当たりは聖心女学院。茶色のレンガ塀に沿って左折して蜀江坂を下り明治通りを渡る。左手の横断歩道橋のある信号で右折、まもなく青木坂⑬の案内標識を見つける。青木坂を上れば前方に六本木ヒルズも遠望できる高台で、こんもりと樹々の茂る有栖川宮記念公園⑭だ。園内は自転車走行禁止、公園に沿って南部坂を下り、さらに木下坂を上って、適当な入口で自転車を止めて公園の中を歩いてみよう。

公園からは北へ向かい、愛育病院の交差点を過ぎて最初の小さな四つ角を右折する。左手には六本木ヒルズ、前方には東京タワーも望める。しばらく走ると狸坂⑮の急登が待っている。上りきったら大黒坂を下れば麻布十番商店街⑰だ。商店街を抜けて、一の橋交差点を右へ、二の橋交差点は左折、日向坂⑱を上りオーストラリア大使館に沿って右折。左側は三井倶楽部の広大な敷地だ。塀に沿うようにして走れば今度は綱坂⑲の上りが始まる。坂がほぼ終わった所で右へ。イタリア大使館前を通って桜田通りへ出たら左折。前に東京タワーがそびえる。芝公園⑳に入り増上寺の大きな山門の前に出る。スタート地点の浜松町駅は近い。

③レインボーブリッジの駐輪場に自転車を置いて、お台場まで歩いて往復するのも面白い

⑬青木坂を上ればフランス大使館やフィンランド大使館、ドイツ大使館などが建つ大使館ゾーン

⑨四十七士で有名な泉岳寺。線香の煙が絶えないお寺だ

⑭鬱蒼と茂る木々に囲まれた有栖川宮記念公園内の遊歩道は階段が多くて自転車を降りて進むのも大変

⑩レトロな建物の高輪消防署

シロガネーゼで全国区的な知名度を持った道、プラチナストリートは白金台の交差点から白金6丁目交差点までのおよそ1kmの外苑西通りをそう呼んでいる

⑲三井倶楽部の広大な敷地に沿った綱坂

ちょっと立ち寄りポイント

⑯麻布十番温泉

麻布十番の商店街の真ん中にある温泉。地下500mからくみ出す濃い褐色のお湯は塩化ナトリウムなどを含んだ重曹泉で、慢性リュウマチ、切り傷、火傷、冷え性などに効能がある。サイクリング途中で温泉に入るのはちょっとナンですが、麻布十番公共駐車場を起点にするのなら、走り終わってひと風呂浴びるのは贅沢の極み。

営業時間＝11:00～21:00、火曜日（祝日の場合は翌日）休み／入浴料金＝大人1260円、子供630円（18:00以降は大人940円、子供410円）

問合せ＝☎03-3404-2610

普通のこじんまりとしたビルが麻布十番温泉

07 港区ぐるりと周遊

都心散策

新橋へ
港区役所
浜離宮庭園
増上寺前
増上寺
芝大門
大門
三門
コンビニ
桜田通り
愛宕通り
海岸（一）
メルパルク
ダイエー
世界貿易センタービル
地下鉄浅草線
ノースタワー
羽橋
⑳芝公園
はままつちょう❶
旧芝離宮恩賜庭園
スタート
ゴール
産業貿易会館
❷ニューピア竹芝
生会
央病院
芝公園
しばこうえん
たけしば
浜松町
サウスタワー
東京ガス
ホテルインターコンチネンタル
首都高速都心環状線
浜崎橋
芝（三）
金杉橋
三田（一）
東芝ビル
地下鉄三田線
芝（二）
新芝浦橋
新浜崎橋
大使館
シーバンスビル
日の出桟橋
芝4
芝（五）
NEC
義塾大
芝（四）
芝浦（一）
みた
南浜橋
ひので
三田2
海岸（二）
JR山手・京浜東北・東海道線
芝浦1
ゆりかもめ
ゆりかもめの高架線下を走る
新日の出橋
芝浦小
たまち
東京工大附工高
パーク芝浦
東京湾
芝浦（三）
首都高速羽田線
首都高速台場線
海岸通り
芝浦（二）
グランパークタワー
芝浦工業大
藻塩橋
芝浦ふ頭
百代橋
芝浦運河
東京モノレール
新芝運河
コンビニ
八千代橋
しばうらふとう
WC
埠頭公園
海岸（三）
芝浦スクエア
コンビニ
夕凪橋
芝浦（四）
港栄橋
港栄橋
レインボーブリッジの橋脚の下をぐるっと1周回る
❸レインボーブリッジ
高浜橋
東海道貨物線
小さなロータリーのあるT字路を右へ
五色橋
旧海岸通り
N
1:15000
0 200m

自転車のチェックポイントと各部の名称

自転車は部品の集合体。カラダに合わせたセッティングができるし、メンテナンスも必要だ。また、ネジが緩んだり、金属部分が錆びることもある。安全に、そして快適に走るために、最低限のチェックはしておこう。気になることがあったら、自転車専門店に相談してみよう。

チェック
セッティング
メンテナンス

サドルの高さ

最もペダリングしやすいサドルの高さは、つま先がわずかに地面につく程度。「こんなに高いの?」とびっくりするくらいだ。最初は怖くない高さにセットしてみよう。

サドルに腰を据え、写真の位置にしたペダルの芯棒に、母子球(足の親指の付け根付近)を重ねた状態で、わずかにヒザが曲がる程度

スポーツサイクルの多くは、クイックレバーひとつで、簡単にサドルの高さを変えられる

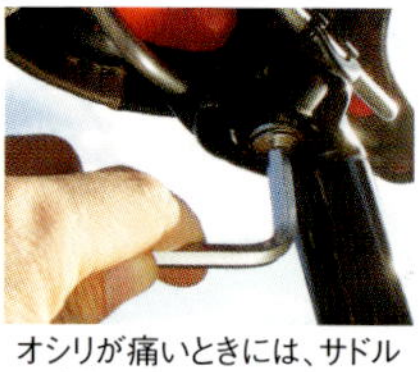

オシリが痛いときには、サドルの裏側のボルトを緩め、角度や前後位置を変えてみよう

タイヤ

空気圧は走行前には必ずチェックしよう。空気が少ないと走行感が重いばかりか、パンクもしやすい。

空気圧はメーター付ポンプで測るのがベストだが、指で押してもよい。タイヤの横を押して、わずかにへこむ程度にしよう

 ☞工具については114ページを参照

ブレーキ

ブレーキは命に関わるパーツ。他の部分よりも慎重にチェックしよう。また、ブレーキシューの磨耗などで、効きが変化する。

両手で片方のブレーキレバーを力いっぱい握って、しっかりと固定されていれば大丈夫

手軽に調整できるアジャスター。左側を回すとワイヤの張りが変わり、効きを調整できる。右はロックリング。根元まで戻しておけば、効きは固定される

片効きはプラスドライバー（アーレンキーを使うタイプもある）などで調整する。ブレーキ本体の横についているボルトを回す

アジャスターが1cm以上出てしまうようであれば、ボルトを奥まで入れ、5mmアーレンキーでブレーキ本体のワイヤーを張り直す

ブレーキレバー

乗っていて手首が痛くなったら、それはブレーキレバーの角度に問題があることが多い。レバーをハンドルバーに固定しているボルトを緩めると、角度は簡単に変えられる。

ブレーキレバーの角度は、腕の延長線上が正しい。手首やヒジの関節も柔らかく使える

レバーが水平だと手首が下がり、上半身の体重が集中して手首が痛くなる

変速機（ディレイラー）

チェーンが外れやすいときや変速不良のときには、変速機の調整ボルトを回してみる。

変速機の調整はデリケートな作業なので、慣れない場合は、専門店に相談するのがベター

チェーン

雨の中を走った後、放置しておくとチェーンは2〜3時間で錆びてくる。また、オイル切れを起こさないようにマメに注油しよう。

注油するときにはオイルが飛び散らないよう、布で回りを覆っておく

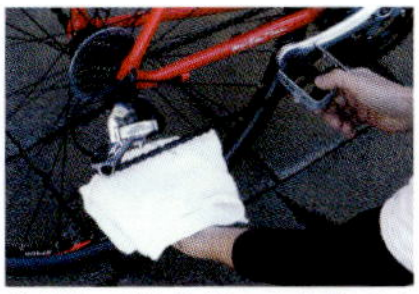

注油して数分経ったら布でチェーンの表面のオイルを拭き取る

ペダルの脱着

ペダルは出っ張っているパーツなので、収納や運搬のときに外すと便利。脱着には15mmのスパナで。

ネジの進行方向に注意。左のペダルは逆向きになっている。左右ともに「はめるときは前回し、外すときは後回し」と覚えておく

フレーム

フレームがきれいだと気分もいい。また、泥汚れやオイルが付着したままの自転車はフレームの劣化も早くなる。走行後は布で拭いておこう。

汚れを拭き取り、自転車をきれいな状態にしておく。こうすることで、フレームの傷みなどがないかをチェックもできる

簡単なチェック方法

自転車を10cmほど持ち上げて、地面に落としてみる。ネジの緩みなどがあると、鈍い音がする場合がある。

ホイールを外す、はめる

スポーツサイクルはレバー操作だけで、簡単にホイールが脱着できるようになっている。
パンク修理や、クリーンナップ、収納などにも便利だ。

クイックレバーの扱い方

クイックレバーを操作することによって、工具を使うことなくホイールの脱着ができる。
コツを覚えておこう。この操作は、サドルの高さ調整にも共通する。

レバーを押し込んで閉めた状態(CLOSE)

レバーを引っ張って開けた状態(OPEN)

レバーは回して操作するものではない

レバーの固さは、レバーの反対側のナットを回して調整する

レバーが中間で止まる固さにして、先端が内側に向くよう、手の平で強く押し込む

レバーは中心から上向きか後方にセットする。何かに引っ掛かりにくくする

前輪を外す、はめる

①ブレーキ本体に掛かっているワイヤーを外す

②クイックレバーを引き起こすようにして解除(OPEN)する

③レバーの反対側のナットを反時計回りに3回転ほど回して緩め、ハンドル部分を持ち上げると、15秒もあれば外すことができる。はめるときは、逆の手順で行う

後輪を外す

①後ろのギヤをトップ(一番外側の小さいギア)に入れ

②前輪と同様の方法で、ブレーキのワイヤーを外す

③クイックレバーを解除する。後輪の場合は反対側のナットを回す必要はない

④フレームを持ち上げていくと、フレームから後輪のハブ(車軸)が外れる

⑤これで後輪が外れた状態となる

後輪をはめる

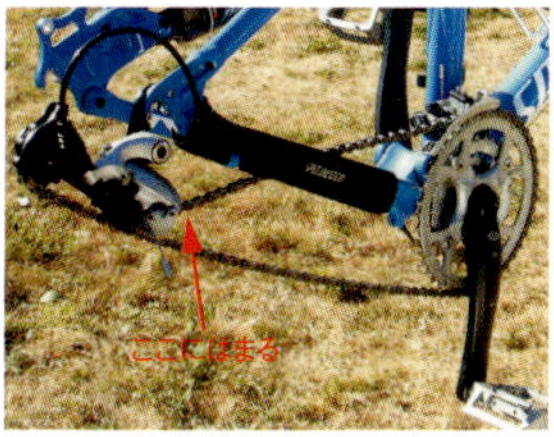

①スプロケット(後ろのギア)の歯は、チェーンの矢印の部分に当てる

②シフターがトップギアに入っていることを確認、チェーンを外側のギアの上に載せる

③ディレイラーのプーリーゲージ(矢印の部分)を下に押すと、フレームが下がってくる

④ホイールを後ろ上方向に引っ張ると、ハブはフレームのエンド部分に収まる

⑤クイックレバーを締め、ブレーキワイヤーを掛ける。ホイールを回してみて、フレームやブレーキと接触していないか確かめる

パンクの修理

パンクは自転車のトラブルの中で、最も一般的なもの。
修理の方法はぜひ覚えておきたい。
なお、この方法は、路面に合わせてタイヤを交換するときも同じ作業となる。

タイヤを外す

①タイヤの空気を抜き、バルブの根元のナットを外す

②タイヤレバーをリムとタイヤの間に入れ、反対側をスポークに引っ掛ける。20cmほど間隔を空けて、2本目のタイヤレバーを引っ掛け、タイヤレバーをリムに沿ってずらしていくと、タイヤの片側がリムから外れる

③そのままチューブを引っ張り出す。サイクリング中は、スペアチューブを用意しておき、それに交換するとよい

チューブのリペア

④ポンプを使ってチューブに空気を入れ、水につけるか、空気が漏れる音などでパンクの穴を探す

⑤一度、チューブの空気を抜き、穴の回りの汚れや水分を取って、サンドペーパーをかける

⑥ゴムノリを薄く塗り、パッチよりひと回り大きい範囲に伸ばして、半乾きにする

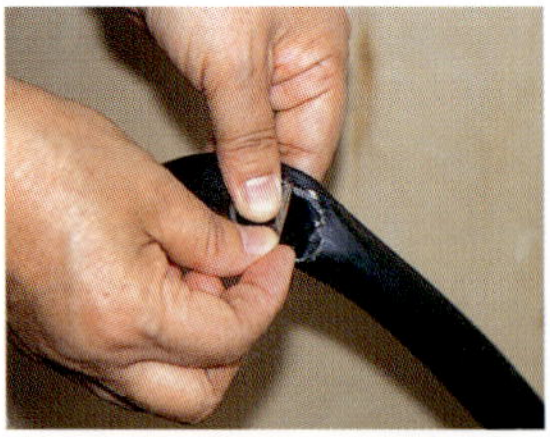

⑦パッチの銀紙をはがし、セロハンごとチューブに貼りつける

⑧ポンプの端などで押えつけて、隙間の空気を出しながら圧着させる

⑨最後にセロハンをはがし、空気を入れ、漏れがないか、他に穴がないかどうかを確認する

舗装路向きのタイヤ

MTBに標準装備されているブロックパターンのタイヤは、オフロードでの使用が前提。舗装路を走るためには路面抵抗が大きく、パワーをロスしている。オンロード用のスリックタイヤに交換すると、タイヤの転がる音も静かで、驚くほど快適に走ることができる。

タイヤをはめる

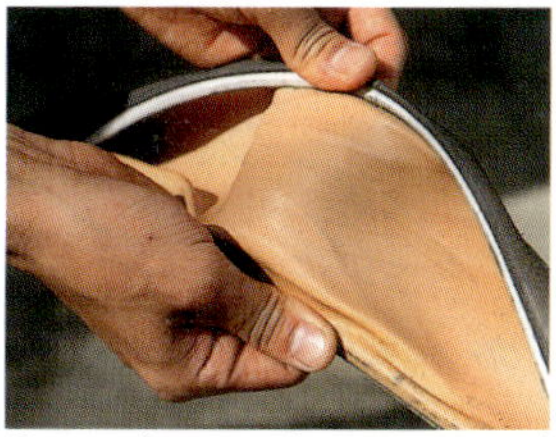

⑩チューブのリペア後、タイヤにチューブを装着する際は、パンクの原因であるガラスやトゲなどが、タイヤに残っていないかチェックする

⑪タイヤには進行方向があり、サイドにその記号が表示してある。装着のときには気をつけよう

⑫チューブに軽く空気を入れて、バルブをリムの穴に入れる。次にチューブ全体をタイヤの中に入れる

⑬まず、タイヤの片側をリムにはめる。次に反対側をリムに入れていく。タイヤ全体をしごくようにして、なるべく手の力ではめる

⑭手で入らない場合は、タイヤレバーを使う。タイヤレバーでチューブをはさんみキズつけないよう注意

⑮バルブをいったん押し込んでから、軽く引っ張り出す。このときにバルブが斜めに歪んでいるようなら、タイヤをしごいて修正する

⑯リムとタイヤのビード部分の間にチューブがはさまっていないかどうか確認する

⑰バルブのナットを装着し、空気を適正圧入れ、バルブを閉めて、キャップをする

パンク修理必要グッズ

スペアチューブとパンク修理キット（パッチ、ゴムノリ、サンドペーパーのセット）、タイヤレバー、ミニポンプは常備して走ろう。

自転車を運ぶ

自転車は自宅から走り出すことができるが、クルマや列車で移動して、走りたい所だけ走る、という方法もある。より短時間で、中身を濃く楽しむためには、そんな方法も取り入れてみたい。

クルマで運ぶ

クルマのルーフや背面に積むと、車内が広く使える。ルーフキャリア＝テルツォ／フット（EF14BL）、バー（EB3）、サイクルアタッチメント（EC19）、背面キャリア＝JX650、JA111

ラゲッジルームに積む場合には前後輪を外して重ねる。ペダルを外すと積みやすい。フレーム同士が当たる箇所には、布などをはさんでおく

輪行の手順

輪行とは、自転車のホイールを外して、専用バックにパッキングして、列車やバスなどの公共交通機関に持ち込むことをいう。

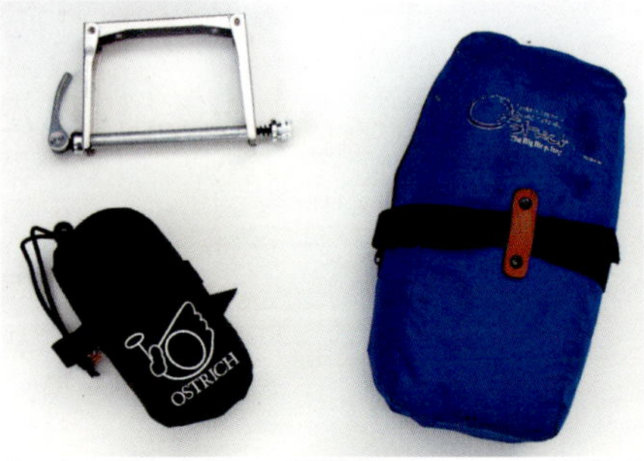

左：オーストリッチ／L-100超軽量型。235gで500mlのボトルよりも小さい。輪行バッグを携帯して走るならこのサイズはうれしい。右：オーストリッチ／MTB輪行袋。厚手の生地は安心感も大きい。上:オーストリッチ／エンド金具。リアディレイラーの保護に使う

①輪行バッグを広げて、フレームを置いてみる。どのようにバッグの中に収まるのかをイメージしておく

②リアディレイラーやフレームのエンド部分を保護するオーストリッチ／エンド金具。つけた方がトラブルは少なくなる

③金属同士が接触する部分は専用カバーや布などを当てておくとよい。軍手などでもOK

④前後のホイールを外してフレームと重ね、ストラップで縛る

⑤輪行バッグに入れる。ショルダーストラップをつければできあがり。慣れたら3分ほどでできる

山の手・下町
9コース

08

人形町、日本橋界隈の散策をした後は隅田川に沿って散歩しよう

人形町と日本橋

江戸っ子が大川と呼び親しんできた隅田川。
日本橋から佃、月島、築地を経て銀座を巡るこのコースは
春夏秋冬、朝から日暮れまで楽しめる。

距離	短い	1 | 2 | 3 | 4 | 5	長い
時間	短い	1 | 2 | 3 | 4 | 5	長い
坂道	少ない	1 | 2 | 3 | 4 | 5	多い
自動車	少ない	1 | 2 | 3 | 4 | 5	多い
見所	少ない	1 | 2 | 3 | 4 | 5	多い

コース

JR東京駅八重洲口❶ →(1km 10分)→ 日本橋❸ →(1km 15分)→ 水天宮❹ →(1km 15分)→ 浜町公園❺ →(2.3km 20分)→ 中央大橋❼ →(2.4km 30分)→ 勝鬨橋❾ →(1.6km 25分)→ 銀座4丁目交差点⓬ →(1.4km 15分)→ JR東京駅八重洲口❶

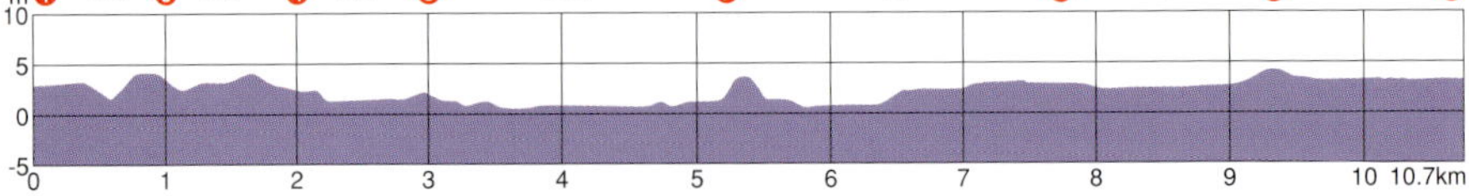

データ

●エリア＝中央区
●距離＝10.7km
●時間＝約2時間10分
●スタート／ゴール＝JR東京駅八重洲口
●最寄駅＝JR東京駅
●駐車場＝八重洲西駐車場／24時間営業／30分310円、1時間610円。15時間以上24時間まで9000円／☎03-3271-4111

アドバイス

街の中と川沿いというのは思いのほか温度差がある。温度調節をしっかりして、快適に走れるようにしたい。川は風の通り道となることも考慮に入れておきたい。

春になると隅田川の土手には花が咲き乱れる

⑥夜、隅田川の橋はライトアップされている。川沿いの道は永代橋で行き止まり。自転車を担いで階段を上り、橋を越える

ＪＲ東京駅八重洲口前①から外堀通りを北上して呉服橋を渡る。常盤橋交差点で日本銀行本店②に沿って右折。日本銀行本店旧館と三井本館を左に見ながら走る。中央通りに出たら日本橋三越の脇を通って日本橋③に出る。

日本橋の脇に「東京市道路元標」と書かれた電柱の立つ広場があり、広場に「日本国道路元標」と書かれたプレートがある。実はそれはレプリカで、本物の日本国道路元標は橋の真ん中、道路のセンターライン上にある。また、橋の上を走っている首都高速は醜いといわざるを得ないが、日本橋そのものは横から見ると思いのほか立派な橋だ。平成11年(1999)には国の重要文化財に指定されている。

日本橋から人形町に向かい、人形町の交差点を右折、水天宮前交差点まで走る。水天宮④は

「安産の神」として有名だが、それだけでなく、日本橋七福神の弁財天も祀られている。

水天宮にお参りしたら、今来た道を甘酒横丁まで戻る。横丁の角に甘酒屋があったことが名前の由来だ。直進して浜町公園⑤から隅田川に出て、ここからは隅田川を下る。

新大橋、清洲橋、隅田川大橋、永代橋⑥と隅田川の橋を通り過ぎて中央大橋⑦へ。川の流れや川を走っている船を見ながら走ると、自分も川と一体となって河口に向かっている気分になるだろう。途中、永代橋の手前で道が途切れてしまう。自転車を担いで脇の階段を上り、永代通りを渡ってから再び階段を下りて走り出す。

中央大橋で隅田川を渡り佃島へ。家康を手助けしたことで摂津国佃村の漁民にこの土地を与えられたため、そう呼ばれる。佃煮の「佃」でもある。佃大橋をくぐって月島の西仲通り、通称もんじゃストリート⑧を走って晴海通りに向かう。

晴海通りに出たら勝鬨橋⑨を渡って築地方面へ。築地の場外市場⑩をふらりと見学してみてもよいだろう。ただし、日曜日は市場が閉まっているので場外市場も店を開いていない所が多いので注意しよう。築地４丁目交差点に戻り、右手に歌舞伎座⑪が見えてきたら銀座の街だ。銀座４丁目交差点⑫を右折し、中央通りを北上する。銀座界隈は道路脇に止まっている車に注意して走ろう。八重洲通りを左折すると正面にＪＲ東京駅が見えてくる。

②日本銀行本店は隣の三井本館とともに、重要文化財に指定されている。内部は見学可。ただし事前予約が必要。問合せ＝日本銀行情報サービス☎03-3277ー2815

佃小橋とリバーシティ。昔と今の融合。といいたいところだが、実はリバーシティの着工はバブル前。これも時代を感じさせる?

③日本橋。江戸時代は五街道の原点。現在は日本の道の中心である。橋名の書は徳川慶喜による

⑨旅順陥落を記念して隅田川河口に設けられた「勝鬨の渡し」、その場所と名前を引き継いだのが勝鬨橋。開かずの跳ね橋としても有名

④水天宮は開門時間が8:00〜17:00。久留米の水天宮を有馬藩邸に分社したのが始まり

⑪東京で歌舞伎といえば、まず最初に思い浮ぶのが歌舞伎座。ホームページはhttp://www.kabuki-za.co.jp/

銀座という名は幕府が銀貨の鋳造所をここに作ったことに由来する。ちなみに金貨の鋳造所「金座」のあった場所には現在日本銀行がある

ちょっと立ち寄りポイント

⑧西仲通り商店街

もんじゃ焼きのお店が軒を連ねる「もんじゃストリート」

通称「もんじゃストリート」と呼ばれ、道の両側と周辺の路地のいたる所にもんじゃ焼き店がある。自分の通いの店を開拓してもよいし、あれこれ通うのもよいだろう。また、もんじゃ屋以外の商店にも下町らしい味のあるものが多いので、のんびり時間をかけて楽しみたい。

平日（月〜土）の15:00〜19:00、日祝の12:00〜19:00は車の通行が禁止される。その時間帯は歩行者に気をつけよう。

隅田川
新大橋
清洲橋
川沿いに歩道が続いている
地下鉄新宿線
首都高速9号線
江東区
佐賀
隅田川大橋
6 永代橋
豊海橋
日本IBM
箱崎ジャンクション
TCAT
リバーサイド読売
ロイヤルパークホテル
日本橋箱崎町
日本橋川
永代橋西
コンビニ
総合スポーツセンター
浜町公園 5
日本橋浜町
明治座
はまちょう
4 水天宮
水天宮前
すいてんぐうまえ
甘酒横丁
日本橋人形町
日本橋蛎殻町
日本橋小網町
人形町
にんぎょうちょう
日本橋富沢町
久松町
ひがしにほんばし
東日本橋
ばくろよこやま
小伝馬町
こでんまちょう
日本橋小伝馬町
JR総武線
日比谷線
日本橋堀留町
日本橋小舟町
東京証券取引所
日本橋兜町
中央署
かやばちょう
新大橋通り
亀島橋
亀島川
霊岸橋
地下鉄東西線
霊岸島
新川
日本橋郵便局
江戸橋
江戸橋北
COREDO日本橋
日本橋 3
高島屋
地下鉄浅草線
昭和通り
中央区
岩本町
日本橋本町
しんにほんばし
江戸通り
みつこしまえ
三越
三井本館
銀座線
2 日本銀行
中央通り
鍛冶町
地下鉄半蔵門線
呉服橋
にほんばし
丸善
八重洲
ブリヂストン
京橋
明治屋
きょうばし
八重洲ブックセンター
JR京葉線
大丸
スタート・ゴール
1 東京駅八重洲口
とうきょう
日本ビル
新大手町ビル
大手町ビル
大手町
おおてまち
東京中央郵便局
丸ビル
ゆうらくちょう
新橋
千代田区
かんだ
内神田
東北・上越新幹線
JR山手・京浜東北線
両国

08 人形町と日本橋

中央通りは日曜・休日は歩行者天国となる
銀座(二)
松屋
銀座(三)
和光
ぎんざ
三越
銀座(四)
⑫銀座4丁目交差点
銀座(五)
ひがしぎんざ
三原橋
⑪歌舞伎座
新富
地下鉄日比谷線
入船
湊
しんとみちょう
入船橋
中央区役所
築地署
築地(一)
築地(二)
地下鉄有楽町線
松竹スクエア
つきじ
築地(三)
聖路加看護大
明石町
聖路加国際病院
聖路加ガーデン
日産
東劇
新橋演舞場
晴海通りは平日はクルマも人も非常に多く、自転車で走るには不向きな道
コンビニ
築地4
築地本願寺
あかつき公園
⑩築地場外市場
国立がんセンター
つきじしじょう
新大橋通り
晴海通り
築地(四)
築地6
築地(七)
海上保安庁水路部
朝日新聞社
コンビニ
築地(六)
中央卸売市場
勝鬨橋⑨
車道はクルマ多く、歩道は自転車がスピードを出して走っている
浜離宮庭園
隅田川
南高橋
亀島川水門
川沿いに走る
⑦中央大橋
石川島公園
この橋は自転車を降りて押して渡る
大川端リバーシティ21
NASルネサンス
佃公園
佃島小
佃大橋
住吉神社
佃中
佃小橋
佃(一)
佃(二)
大島川水門
越中島公園
JR京葉線
えっちゅうじま
東京海洋大
相生橋
清澄通り
晴海運河
スポーツプラザ
コンビニ
つきしま
月島(一)
月島(三)
⑧西仲通商店街(もんじゃストリート)
月島(二)
豊洲貯木場
朝潮大橋
西仲橋
プラザ勝どき
地下鉄大江戸線
月島(四)
朝潮橋
都立短大晴海総合高
豊洲
月島二小
月島橋
朝潮運河
新月島公園
勝どき(一)
勝どき(三)
勝どき(二)
かちどき
晴月橋
晴海
晴海橋
黎明橋
トリトンスクエア
勝どき(五)
N
1:15000
0 200m

09

東京が水の都であったことを実感しながら、下町情緒に浸ってみよう。

深川運河を巡って走る

隅田川の東、両国から木場にかけては江戸時代に開削された人工の川、運河が縦横に延びている。この界隈を訪れると、実は東京は水の都でもあるということがわかる。

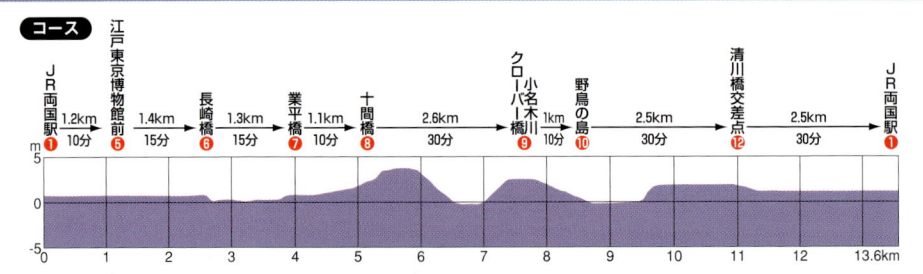

距離	短い	**1**	2	3	4	5	長い
時間	短い	**1**	**2**	3	4	5	長い
坂道	少ない	**1**	**2**	3	4	5	多い
自動車	少ない	**1**	**2**	3	4	5	多い
見所	少ない	**1**	**2**	**3**	4	5	多い

コース

JR両国駅❶ →(1.2km 10分)→ 江戸東京博物館前❺ →(1.4km 15分)→ 長崎橋❻ →(1.3km 15分)→ 業平橋❼ →(1.1km 10分)→ 十間橋❽ →(2.6km 30分)→ 小名木川クローバー橋❾ →(1km 10分)→ 野鳥の島❿ →(2.5km 30分)→ 清川橋交差点⓬ →(2.5km 30分)→ JR両国駅❶

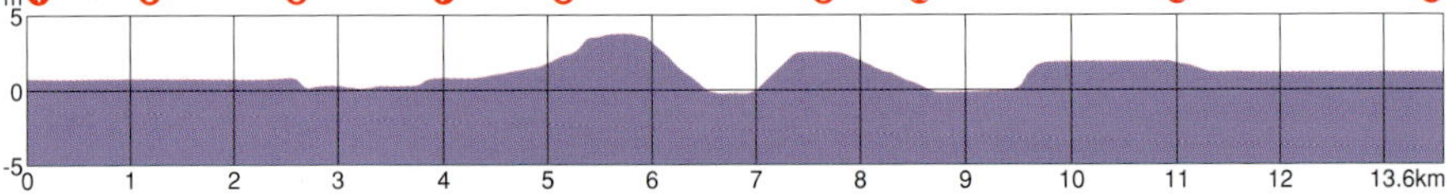

データ

●エリア＝墨田区、江東区
●距離＝13.6km
●時間＝約2時間30分
●スタート／ゴール＝JR両国駅
●最寄駅＝JR両国駅
●駐車場＝駅構内自家用自動車整理場／8:00～22:00／30分250円（22:00～8:00は1時間100円）／☎03-3624-6681

アドバイス

親水公園内は歩行者や自転車が多い。地元の人が生活の道として使っている所も多い。スピードは抑えて周りに気をつけながらのんびり走ろう。また一般道では脇道からの車の飛び出しに注意する。

大横川親水公園は9時半から17時の間利用できる

相撲部屋はそれぞれ個性的な外観をしている

ＪＲ両国駅①を出発。駅の隣には国技館②がある。両国駅周辺には10を超す相撲部屋がひしめいていて、まさに相撲の町だ。

国技館からさらに北上すると旧安田庭園③、その先には横網町公園④がある。横網町公園の周りを回って清澄通りを南下する。江戸東京博物館⑤の入口を過ぎたら左折。北斎通りを走る。相撲部屋巡りをしながら両国の雰囲気に浸ろう。

三ツ目通りを過ぎて約300ｍ走ると、道の左右に公園が伸びている。ここには長崎橋⑥という橋が架かっていたのだが、現在その橋はない。

ここから左折して大横川親水公園に入る。橋を過ぎるたびに公園のデザインが変わるのを楽しみながら走ろう。業平橋⑦をくぐったら船をモチーフにした建物が建ち、ここで大横川親水公園は終わる。出口から業平橋駅方面に進んで駅の手前の東武橋を右折、北十間川に沿って走る。押上駅を過ぎてふたつ目の橋、十間橋⑧を渡って浅草通りに出たら最初の柳島橋を渡りすぐに右折。ここから横十間川沿いを走る。ＪＲ総武線と首都高速７号線をくぐると、右手に猿江恩賜公園が見える。公園を過ぎたら小名木川と交差する。ここに×状に架かっているクローバー橋⑨を渡ると横十間川親水公園が始まる。

公園沿いに走っていると約900ｍで、野鳥の島⑩が現れる。横十間川親水公園はここで仙台堀川公園と交差している。横十間川親水公園を離れて仙台堀川公園を西に向かって走る。公園は約700ｍで終わり、そこからは一般道だ。すぐに木場公園大橋⑪が正面に見えてくる。木場公園の脇には運河沿いに遊歩道がある。ただし舗装はされていないので注意しよう。

三ツ目通りを渡り仙台堀川沿いに走り続けると清澄庭園、清澄公園が右手にある。清澄公園の角、清川橋交差点⑫で公園に沿って右折して道なりに進むと小名木川にかかる萬年橋。萬年橋を渡って始めの路地を左に入ると芭蕉神社と芭蕉記念館分館⑬。路地から戻ってさらに200ｍ進むと芭蕉記念館⑭だ。

新大橋の東詰を過ぎて一之橋を渡ると、相撲の街に帰ってくる。いかにも相撲部屋といった所、看板がなければ通り過ぎそうな所、様々だ。赤穂浪士の討ち入った吉良邸跡⑮もあるので訪れてみよう。国道14号線を渡るとＪＲ両国駅だ。

②両国国技館。両国は国技館のお膝元だけに相撲部屋も多い

⑨横十間川と小名木川の交差点に架かるクローバー橋

③旧安田庭園はもともと下野国足利2万石領主本庄家の下屋敷があった。庭園は隅田川の水を導いた潮入り回遊式庭園で小さいが江戸名園のひとつに数えられていた。昭和46年に改修・復元。開園時間＝9:00～16:30。入園無料

⑩野鳥の島。横十間川親水公園と仙台堀川公園の交差点

④横網町公園は関東大震災と東京空襲のメモリアルパークだ

⑪木場公園大橋。木材業者が新木場に移転した跡地にできた公園内には東京都現代美術館と都市緑化植物園がある

⑦大横川親水公園終点

⑮吉良邸跡。広大だった吉良邸の一部が地元有志の手によって購入され、東京市に寄付されたものだ

ちょっと立ち寄りポイント

⑭芭蕉記念館

門をくぐり抜ければ芭蕉ワールドだ

深川の地は松尾芭蕉が庵を構えたことで知られている。ここには芭蕉なじみの品々が展示されている。200m川下に分館があるほか、深川周辺には芭蕉の句碑が多く存在する。記念館に展示されている地図を頼りに探してみるのもよいだろう。

展示室・図書室開館時間＝9:30～17:00、大人100円、小中学生50円、月曜日（祝日を除く）および年末年始休館／分館開館時間＝9:15～16:30
問合せ＝☎03-3631-1448

09 深川運河を巡って走る

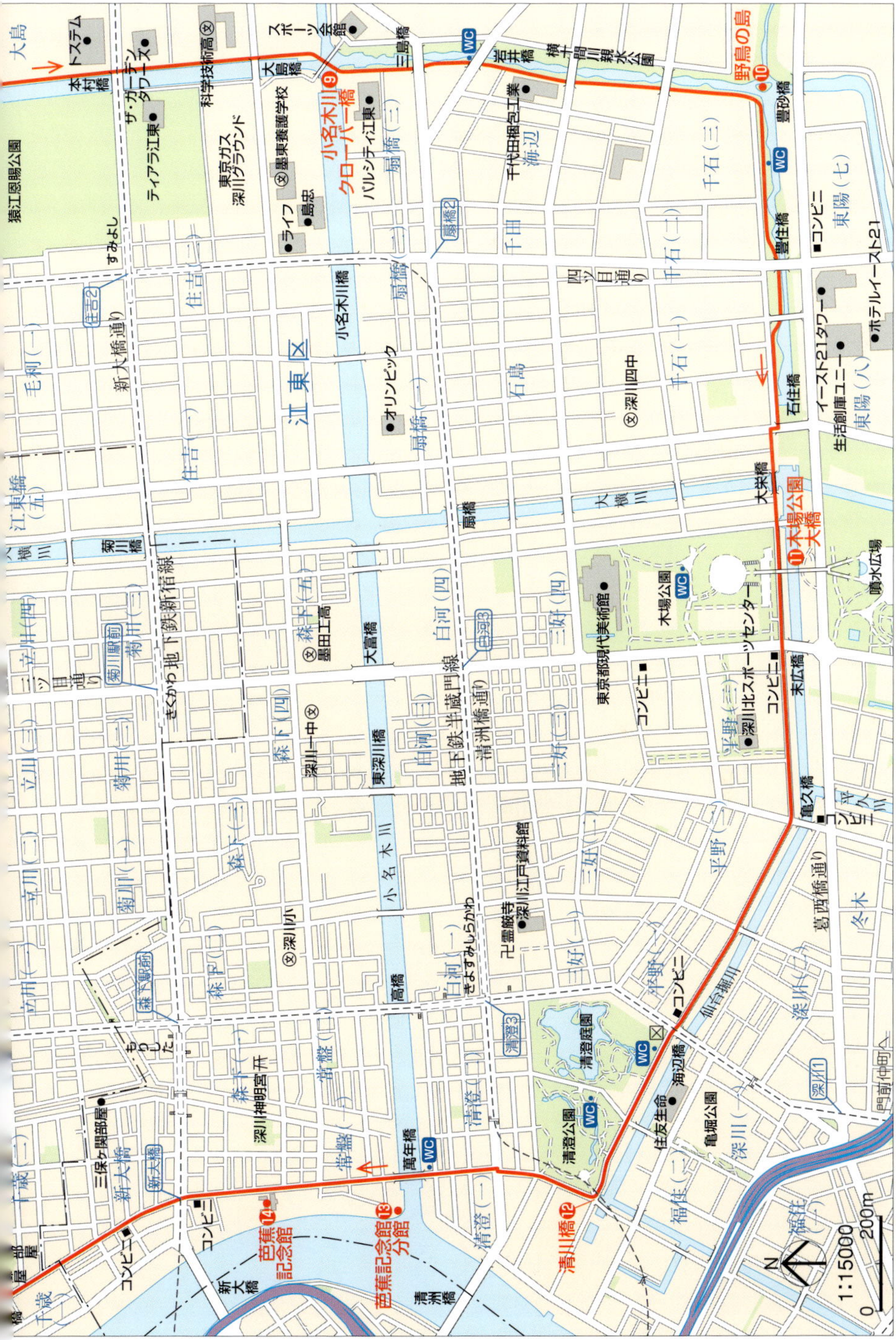

大島
猿江恩賜公園
トステム
本村橋
ザ・ガーデンタワーズ
ティアラ江東
科学技術高
東京ガス深川グラウンド
スポーツ会館
大島橋
小名木川クローバー橋 9
都立東養護学校
ライフ
島忠
パルシティ江東
三島橋
扇橋(三)
岩井橋
横十間川親水公園
千代田梱包工業
海辺
千石(三)
野鳥の島 10
豊砂橋
豊住橋
コンビニ
東陽(七)
すみよし
住吉2
新大橋通り
毛利(一)
住吉(二)
小名木川橋
江東区
オリンピック
扇橋2
扇橋(一)
扇橋
千田
四ツ目通り
千石(二)
千石(一)
石島
深川四中
イースト21タワー
ホテルイースト21
石住橋
生活創庫ユニー
東陽(八)
江東橋(五)
住吉(一)
菊川橋
大横川
扇橋
大栄橋
木場公園
11 木場公園大橋
噴水広場
東京都現代美術館
木場公園
深川北スポーツセンター
コンビニ
末広橋
平野(三)
亀久橋
コンビニ
平久川
菊川駅前
立川(四)
菊川(三)
三ツ目通り
都営地下鉄新宿線
森下(五)
墨田工高
大富橋
白河(四)
白河3
三好(四)
三好(三)
都営地下鉄半蔵門線
清洲橋通り
白河(三)
東深川橋
深川一中
森下(四)
立川(三)
菊川(二)
立川(二)
菊川(一)
森下(三)
小名木川
深川江戸資料館
霊巌寺
三好(二)
平野(二)
葛西橋通り
冬木
深川小
森下(二)
高橋
白河(一)
きよすみしらかわ
三好(一)
平野(一)
コンビニ
仙台堀川
深川(二)
森下駅前
立川(一)
千歳(二)
新大橋
三保ヶ関部屋
森下(一)
深川神明宮
常盤(二)
清澄3
清澄(二)
清澄庭園
清澄公園
海辺橋
住友生命
亀堀公園
深川(一)
深川1
門前仲町へ
もりした
萬年橋
常盤(一)
芭蕉記念館分館 13
芭蕉記念館 14
コンビニ
清洲橋
清澄(一)
清川橋 12
福住(二)
福住(一)
部屋
千歳(一)
新大橋
N
1:15000
0
200m

10

潮風に当たりながら、海沿いに開けた新しい東京を体感する

ウォーターフロント

日々その姿を変えていく東京の中でも変化の著しい湾岸エリア、新しくできた島や街を眺めながら、目の前に開ける東京湾と空の大きさに東京の意外な一面を発見する。

距離	短い	1	2	3	4	5	長い
時間	短い	1	2	3	4	5	長い
坂道	少ない	1	2	3	4	5	多い
自動車	少ない	1	2	3	4	5	多い
見所	少ない	1	2	3	4	5	多い

コース

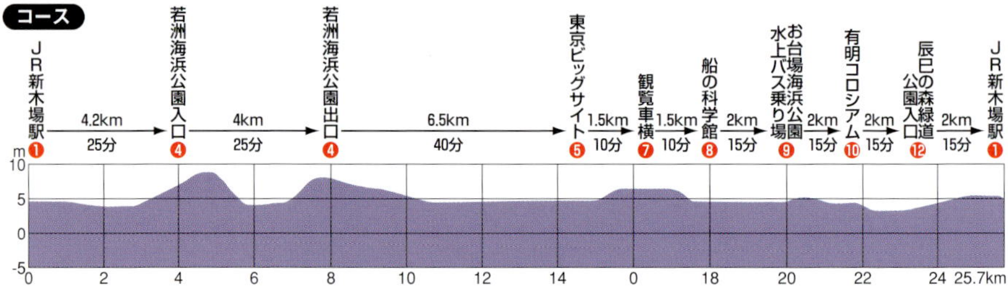

データ

●エリア＝江東区、港区、品川区
●距離＝25.7km
●時間＝約2時間50分
●スタート／ゴール＝JR新木場駅
●最寄駅＝JR新木場駅
●駐車場＝夢の島公園第1・第2駐車場／8:00～21:30／2時間300円／12月29日～1月3日休み／問合せ＝☎03-5569-4394

アドバイス

新木場～有明間は交通量が多く、自転車向きとはいいがたい。排気ガスで空気も汚れているので体調・体質によってはマスクの着用なども検討した方がよい。その他の場所がすばらしいだけに非常に残念なことだが。

昔「ゴミの島」といわれた夢の島だが、その面影は今はない

夢の島のゴミ処理場

新木場駅①から北へ国道357号線を渡ると夢の島公園。スタジアムや運動場の他、第５福竜丸②が展示されている。国道沿いの夢の島緑道公園を走る。清掃工場の敷地にぶつかったら国道に戻り、夢の島マリーナの駐車場の先を左折する。少年野球場の周りを回って荒川河口橋・荒川湾岸橋③をくぐると、そこから1.5km、ほぼ一直線に南下する。左手には葛西臨海公園から千葉に続く海岸線が見え、右手は地下鉄の車庫、そして東京へリポートが続く。

直線を走りきると砂町南運河を隔てた向かいに若洲海浜公園④が見えてくるので若洲橋を渡って公園に入る。公園内には１周4.5kmのサイクリングコースがあるので走ってみよう。ゴルフコースを右手に見ながら南下する。島の先端を回ると都心の高層ビル群が目の前に広がる。

東京湾と摩天楼を堪能したら公園を出る。

木材の街、新木場を通って有明方面に向かう。この先の区間は交通量が多いので注意が必要だ。新曙橋、新末広橋を渡って道が大きく左に曲がると突然正面に東京ビッグサイト⑤が現れる。東京ビッグサイト前で道路を渡り、ゆりかもめに沿って有明駅まで走る。ここからセンタープロムナード⑥を台場方面に向かう。幅広く快適なつどい橋と夢の大橋を越えると遠くに見えていた観覧車⑦がすぐ横に。直径100mのホイールは間近で見ると大迫力だ。出会い橋を渡ると道が左右に分かれるので左折して船の科学館⑧へ向かう。

船の科学館からは、再び海を左に見て潮風公園を走る。目前にはレインボーブリッジが、そして右手にはお台場の街が見える。水上バス乗り場⑨を過ぎた所から海岸沿いにボードウォークが伸びる。

ボードウォークを抜けたら国道357号線を左折。有明コロシアム前⑩から新辰巳橋⑪までの区間はひたすら走ろう。往きと同じく、この区間はトラックが多いので注意が必要。新辰巳橋を越える手前で歩道を入って辰巳の森緑道公園⑫を走る。公園内の陸橋を使って三ツ目通りを越える。頭の上には首都高速が走っている。ひと昔前の「近未来的風景」。辰巳の森緑道公園の端まで来たら国道に戻って、夢の島に渡るとＪＲ新木場駅が右手に見えてくる。もし時間があったら夢の島公園内を走ってみよう。

②ビキニ環礁での水爆実験で被爆した第5福竜丸とそのエンジンが展示されている

⑥センタープロムナードを有明から走り出すと、そこはガラスの街!!

お台場といえばレインボーブリッジ。残念なことだが自転車の乗入れは禁止されている

湾岸線の横を走る

新木場の直線路

名前の通り新木場は木材の街だ。製材工場や貯木場がひしめいている

⑦直径100mの大観覧車の脇を走る。真下で見るとその大きさがよく分かる

ちょっと立ち寄りポイント

⑨水上バス

お台場海浜公園と日の出桟橋を結ぶ水上バスは、プラス小人料金を支払えば自転車を直接持ち込むことができる。スタート／ゴール地点をお台場にして行き帰りにのんびり船の旅を楽しんでみるのも面白そう。ただし、正月、ゴールデンウィーク、夏休みの休日等混雑している場合、自転車の持ち込みを断られる場合があるので事前に問合せをしておく。航路案内、時刻、料金等はウェブサイトで調べることができる。

料金＝大人400円、小人および自転車200円（お台場～日の出桟橋）

問合せ＝東京都観光汽船（株）／ 0120-977311

info@suijobus.co.jp ／ http://www.suijobus.co.jp/

ウォーターフロント

山の手・下町

●夢の島マリーナ
新砂水門
荒川
熱帯植物館●
●❷第5福竜丸展示館
辰巳の森海浜公園
辰巳(一)
夢の島公園
江東清掃工場
スタート
ゴール
夢の島
少年野球場
❸荒川湾岸橋
辰巳国際水泳場●
曙橋
たつみ
JR京葉線
❶しんきば
コンビニ■■
コンビニ
新木場(一)
有楽町線車庫
新木場緑道公園
千石橋北
●センタービル
辰巳(三)
コンビニ■
りんかい線
新曙橋
千石橋
第一貯木場
新木場3
木材市場●
新木場(二)
WC
■コンビニ
東千石橋
新木場2
材木業者の建物が並んでいる
東京ヘリポート●
十二号地貯木場
第二貯木場
南千石橋
若洲橋
砂町南運河
❹若洲海浜公園
若洲
若洲ゴルフリンクス
東京湾
1周4.5kmのサイクリングコースを走る
●江東区若洲風力発電所
●サイクルセンター
若洲キャンプ場●
東京湾越しに高層ビル群が一望できる
東京臨海風力発電所(東京かぜぐるま)

京浜運河に沿って緑道公園を走れば旧東海道・品川宿も近い

大井ふ頭から旧東海道へ

距離	短い	1	2	3	4	5	長い
時間	短い	1	2	3	4	5	長い
坂道	少ない	1	2	3	4	5	多い
自動車	少ない	1	2	3	4	5	多い
見所	少ない	1	2	3	4	5	多い

東京港に突き出した巨大コンテナターミナルを擁する大井ふ頭と、京浜運河を挟んで伸びる旧東海道。緑道公園やモノレールが走る姿も間近に望め、変化に富んだ大都会の思わぬ風情が楽しめるコースだ。

コース

大井ふ頭中央海浜公園❶ → 2km 10分 → 八潮橋❹ → 2.1km 10分 → 天王洲アイル❺ → 1.5km 10分 → 旧東海道❻ → 1.5km 10分 → 品川寺❽ → 2km 15分 → しながわ区民公園❾ → 2.5km 15分 → 平和の森公園⓫ → 2.3km 20分 → 大田市場⓭ → 2.7km 20分 → 城南島海浜公園⓮ → 3km 20分 → 東京港野鳥公園入口⓰ → 1.1km 5分 → 大田スタジアム⓱ → 0.8km 5分 → 大井ふ頭中央海浜公園❶

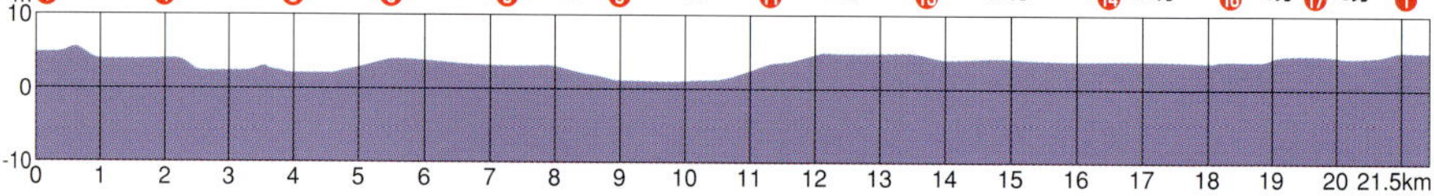

データ

●**エリア**＝港区、品川区、大田区
●**距離**＝21.5km
●**時間**＝約2時間20分
●**スタート／ゴール**＝品川区・大井ふ頭中央海浜公園
●**最寄駅**＝東京モノレール大井競馬場前駅
●**駐車場**＝大井ふ頭中央海浜公園駐車場／8:30〜21:40／1時間まで200円。以降30分ごとに100円／☎03-3790-2378

アドバイス

スタートから若潮橋までは緑道を走るので、車の心配は不要。旧東海道は一方通行の道路だが、昼間は交通量もやや多い。また、買い物の歩行者もたくさんいるので走行は注意しよう。平和の森を過ぎればほとんどが車道に沿ったコースになる。歩道があるので安心だが、平日は交通量は驚くほど多い。このコースを走るのなら、休日の朝早くがお薦めだ。

若潮橋から望む天王洲アイルのビル群。青い橋が品川埠頭橋

⑥旧東海道品川宿で見つけた標識

　陸上競技場や野球場、サッカーグランドなどが整備されている大井ふ頭中央海浜公園駐車場①がスタート。信号で道路を渡り、なぎさの森②へ。管理事務所の前を通り抜ければ目の前に京浜運河が広がる。運河に沿って北上、一度道路に出たら、中央海浜公園の信号で道路を渡り、京浜運河緑道公園③に入る。左手には京浜運河とモノレール、首都高速が走っている。京浜運河に沿ってひたすら緑道を走ろう。

　八潮橋④の下をくぐり抜け緑道は若潮橋で終了。行く手には天王洲アイル⑤のビルが建ち並び、その奥には品川駅東口の再開発エリアの巨大ビル群も望める。若潮橋、品川埠頭橋で京浜運河、新東海橋で芝浦運河、天王洲橋で天王洲運河と、いくつもの運河を渡って進む。天王洲橋を渡り最初の信号を左折、八ツ山通りを越えて突き当たりが

旧東海道⑥だ。左右に商店街がずっと続く。東海七福神に縁の品川寺⑧などの古いお寺や神社も道にそって建っている。地図を片手にそれらを訪ねながら走ると楽しいだろう。

しながわ区民公園⑨は1周1850mのサイクリングコースを走る。森を抜けると、「勝島の海」。かつて海だった所を埋立てた名残り。しながわ水族館をぐるっと回り、バスの停留所がある水族館口⑩から公園の外に出て国道15号線をしばらく走る。さらに平和の森公園⑪の芝生の広場を通り抜けて環7通りの高架下をくぐり左へ進む。環7通りと海岸通りが交わる立体交差は歩行者、自転車専用道がある。京浜運河に懸かる大和大橋⑫を渡ってすぐに右へ。道なりに進み湾岸道路を渡り、大田市場⑬の前を過ぎ、さらに城南大橋を渡って城南島海浜公園⑭を目指す。案内の標識も建っているのでそれを頼りに走ればいい。

城南島海浜公園は対岸に羽田空港の滑走路を望む場所に造られた公園。キャンプ場やバーベキュウ広場、砂浜などがあって開放感たっぷり。駐車場もあるので、このコースのスタート、ゴールにするのもいいだろう。

元来た道をもどり、今度は城南野鳥橋⑮を渡る。橋の上からは東京港野鳥公園⑯の森と野鳥が集まる汐入りの池が望める。公園の入口は橋を渡り、大井南陸橋を渡った所にある。そして、湾岸道路を渡って緑道を右へ。大田スタジアム⑰が見えてくれば、広大な大井ふ頭中央海浜公園に帰ってきたのだ。

①大井ふ頭中央海浜公園がスタート。後ろの建物はレストランや売店の併設されている大井スポーツセンター

⑨しながわ区民広場は「花とひろばと水と緑の公園」をテーマに昭和62年オープン。散策路やサイクリングロード、キャンプ場、少年野球場などが整備され、しながわ水族館も併設されている

②なぎさの森は京浜運河を目の前にした海浜公園だ。自然観察路や野鳥観察舎がある

しながわ区民広場サイクリングセンター。利用時間＝10:00〜16:00(受付け＝〜15:40)、1回1時間。利用期間＝3月〜11月の毎日と12月〜2月の土・日・祝日(12月29日〜1月3日休み)。利用料金＝無料。1周1850mのサイクリング道路を走ることができ大人用、子供用、補助輪付、一輪車などが用意されている。問合せ＝☎03-3762-0655

③京浜運河緑道公園の散策路は大井ふ頭勝島緑道公園から若潮橋まで続いている

⑭城南島海浜公園は東京湾に突き出した開放的な公園

⑤東京モノレール天王洲駅は巨大なビルに囲まれている

⑰ゴールの大井ふ頭中央海浜公園。大田スタジアムは設備充実の野球場だ

ちょっと立ち寄りポイント

⑦あきおか

品川巻(写真左)は500円、品川宿は100円

良質のうるち米を用いて、品川沖で採れた海苔を巻いた日本古来の煎餅が品川巻。その味を明治28年創業以来、今に伝えてくれているのが旧東海道のお煎餅やさん「あきおか」。場所は旧東海道に入ってすぐの右側。店頭には、品川巻はもちろんのこと、いろいろなお煎餅が並べられている。手ごろな値段なのでついついたくさん買ってしまうが、大丈夫。懐かしいお煎餅の味を心ゆくまで味わえるのだ。
営業時間＝10:00〜20:00、不定休
問合せ＝☎03-3471-4325

11 大井ふ頭から旧東海道へ

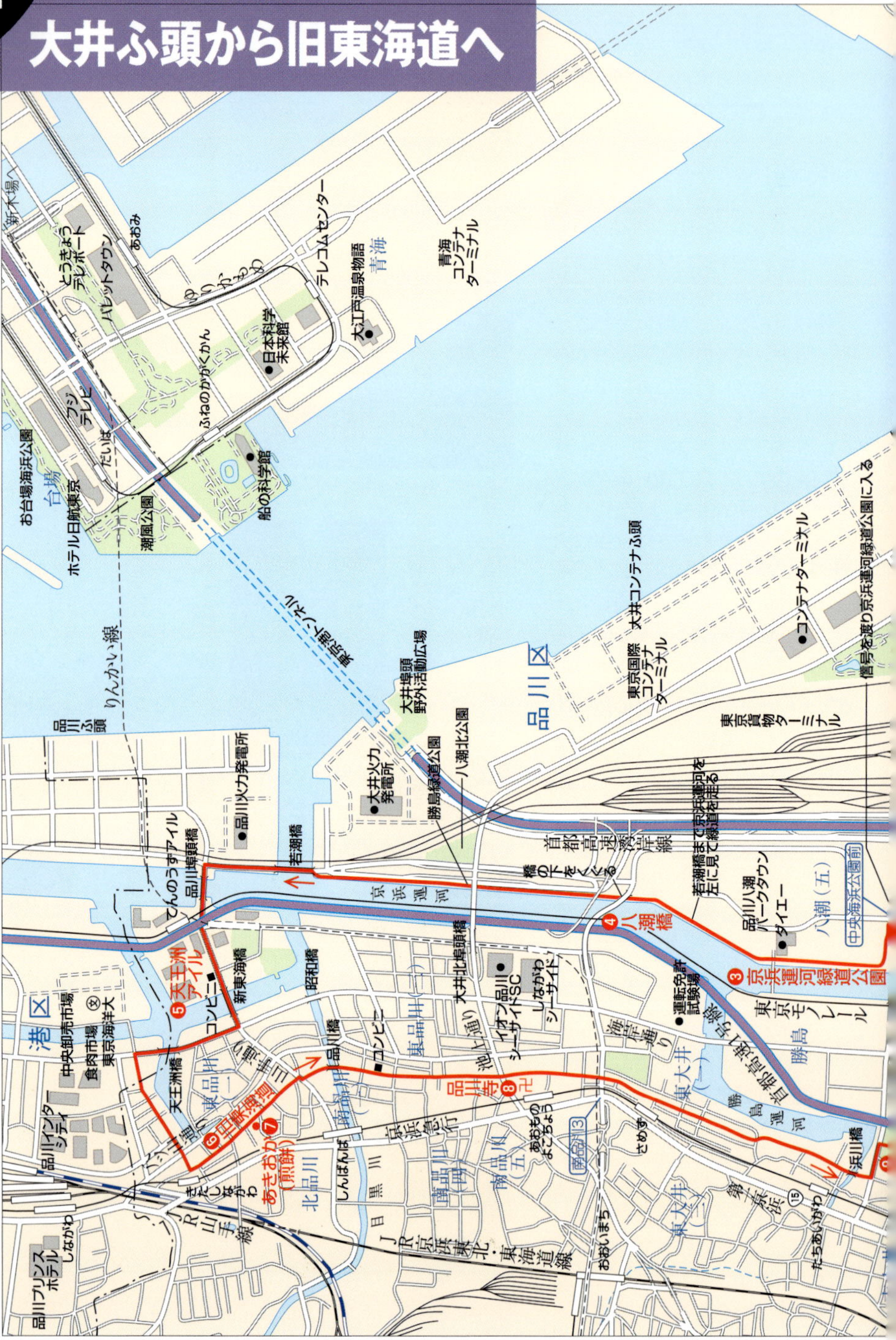

⑭城南島海浜公園
羽田空港が目の前。離着陸する飛行機の迫力を楽しめる
⑮城南野鳥橋
⑯東京港野鳥公園
⑬大田市場
⑫大和大橋
⑪平和の森公園
⑰大田スタジアム
スタート
ゴール
大田市場の入口を左に見て道なりに進む。途中、所々に城南島海浜公園の案内あり
歩行者・自転車専用道あり
城南島
城南島ふ頭公園
城南大橋
京浜大橋
清掃工場
京浜島
空港北トンネル
羽田空港
空港中央IC
羽田空港へ
1:30000
0
1km
N
東海（四）
東海（六）
東海（三）
大井南陸橋
貨物線
車両基地
自然生態園
汐入りの池
中央卸売市場
花き部
大田市場
京和橋
森ケ崎水処理センター
海老取川
新呑川
森ケ崎公園
大森一中
昭和島
しょうわじま
昭和島ジャンクション
南海橋
海岸通り
流通センタービル
りゅうつうセンター
新平和橋
京浜運河
平和島
京浜トラックターミナル
アクアリゾート平和島
平和島公園
平和島競艇場
しながわ水族館
勝島南運河
勝島の海
コンビニ
平和島口
大森本町
へいわじま
大森東（一）
大森東（三）
内川
大田区
大森南
東糀谷
大森北
大森署
かもしおんりがんち

3つの商店街をつないだ買い物も楽しい散歩気分のサイクリング

城南エリアのビッグな商店街ツアー

小さな公園や気になる教会を訪ねたら、目黒区から品川区に続く大規模な3つの商店街を自転車で訪ねるコース。思わず買い物に走り、時間がたつのも忘れそうになるかもしれない。

項目		1	2	3	4	5	
距離	短い	1	2	3	4	5	長い
時間	短い	1	2	3	4	5	長い
坂道	少ない	1	2	3	4	5	多い
自動車	少ない	1	2	3	4	5	多い
見所	少ない	1	2	3	4	5	多い

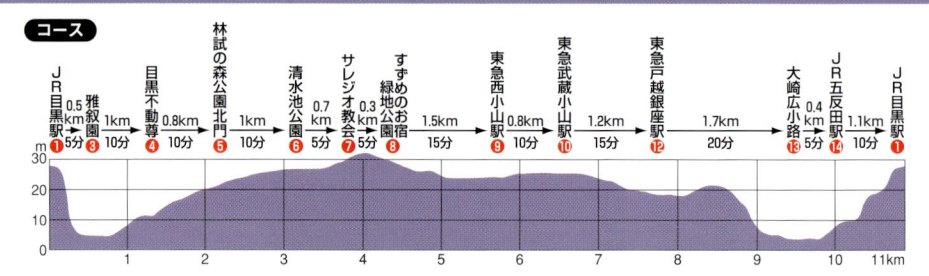

コース

JR目黒駅❶ →(0.5km 5分)→ 雅叙園❸ →(1km 10分)→ 目黒不動尊❹ →(0.8km 10分)→ 林試の森公園北門❺ →(1km 10分)→ 清水池公園❻ →(0.7km 5分)→ サレジオ教会❼ →(0.3km 5分)→ すずめのお宿緑地公園❽ →(1.5km 15分)→ 東急西小山駅❾ →(0.8km 10分)→ 東急武蔵小山駅❿ →(1.2km 15分)→ 東急戸越銀座駅⓬ →(1.7km 20分)→ 大崎広小路⓭ →(0.4km 5分)→ JR五反田駅⓮ →(1.1km 10分)→ JR目黒駅❶

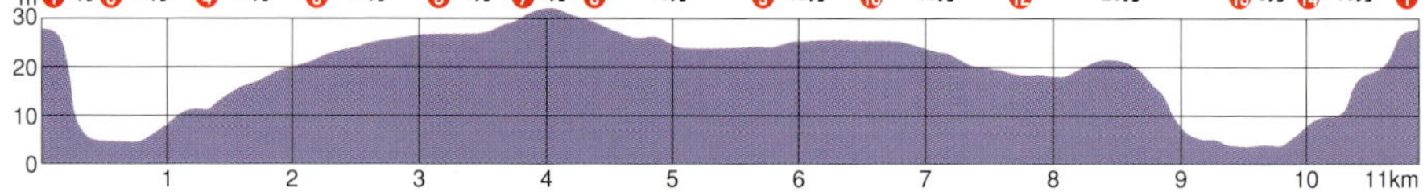

データ

●エリア＝目黒区、品川区
●距離＝11km
●時間＝約2時間
●スタート／ゴール＝JR目黒駅
●最寄駅＝JR目黒駅、五反田駅
●駐車場＝目黒駅周辺

アドバイス

行人坂はかなりの急坂。下りに自信がなければ降りていくほうが安全かもしれない。また、商店街の周辺やJR五反田駅周辺は交通量や歩行者が多いので走行には十分な注意が必要だ。車で来る場合は、公共駐車場が駅周辺にはないので、コース途中で駐車場を探すことになる。

目黒川に向かって一気に下る行人坂。スピードの出し過ぎには充分な注意が必要だ

⑫中原街道の入口から国道1号線をわたり1km以上も続く商店街が戸越銀座。銀座と命名されたのは本家以外で日本最初

スタートはＪＲ目黒駅①。周辺に民間の駐車場もいくつかあるが、このコースは輪行で訪ねることにしよう。目黒通りをはさんで駅ビル・アトレ目黒も完成。コンビニもあるので食料を揃えていくことができる。権之助坂の左、雅叙園に向かって急な坂道を下る。行人坂②と呼ばれ、寛永時代、湯殿山の行人が大日如来堂を建立し修行を始めたところからその名がついた。下り切ると雅叙園③。

不動通りから山手通りを渡り目黒不動尊門前通に入る。有名な鰻屋さんの前で右折すれば、仁王門がどっしりと構える目黒不動尊④。江戸五色不動のひとつで境内には山の手七福神（恵比寿）が祭られる。境内を抜けて鬱蒼と樹木の茂る林試の森公園⑤の北側に延びる羅漢寺川緑道を走る。林試の森公園北門で自転車を停め、公園を散歩しよう。公園内は、自転車の乗入れは原則として禁止されている。街中の公園とは思えないほどの緑豊かな森だ。

次に訪れる清水池公園⑥は灌漑用貯水池を、目黒区が昭和27年に釣堀公園として整備して区民に開放、フナやコイが放流され、釣りマニアで１年中賑わっている公園。道なりに進めば白い尖塔が行く手に見える。ここがサレジオ教会⑦。芸能人やスポーツ選手が結婚式を挙げた教会として有名だ。少し先の竹が生い茂る、すずめのお宿緑地公園⑧から碑文谷八幡宮を過ぎ、立会川緑道を西小山商店街を目指す。

西小山商店街は東急目黒線西小山駅⑨を挟んで東西に延びている。さらに隣りの駅、武蔵小山駅⑩から中原街道へと600m余り続くのがアーケードのかかる武蔵小山商店街。アーケードを抜けて中原街道を渡れば戸越銀座商店街⑫。生鮮食料品から日用雑貨まで何でも揃っている３つの商店街。買い物はまた別の機会にとっておいて、歩行者の邪魔にならないように自転車を降りてウインドウショッピングしながら商店街の中は押して歩こう。

商店街を離れて住宅街に入り、峰原坂を下る。大きな建物は立正大学の校舎。大崎広小路⑬から目黒川を渡ればＪＲ五反田駅⑭。輪行ならここをゴールにしてもいい。ＪＲ目黒駅へは山手線の内側、花房山通の坂道を上っていく。前方には目黒アトレの大きな建物が目に飛び込んでくる。

①商店街巡りのスタートはJR目黒駅

⑥約5800㎡のうち30％を大きな池が占めているのが清水池公園。碑文谷村の灌漑用貯水池を、昭和10年公園として開放。さらに戦後、釣堀公園になった

③行人坂を下ればホテル雅叙園。手前の井戸は「お七の井戸」。八百屋お七の恋人吉三がお七の火刑後、水垢離をした

⑦白い外壁が印象的なサレジオ教会の鐘塔は高さ36m。昭和29年にイタリアのカトリック教団によってこの場所に建てられた

雅叙園の先で目黒川を渡る。春は川に沿って桜が咲き誇る

⑧かつてはこの辺りは有数の竹林で、スズメがたくさん住み着いたところから「すずめのお宿」と呼ばれるようになった

④目黒不動尊（滝泉寺）の仁王門が立ちはだかる。境内には山手七福神の恵比寿様が祭られている

⑤以前は林野庁林業試験場だった林試の森公園。園内には外来種や珍しい種類の大木などが生い茂り、のんびりできる場所だ

⑩アーケードに覆われて雨が降っても楽々ショッピングの武蔵小山商店街

ちょっと立ち寄りポイント

⑪太田屋

店頭には天朗が並ぶ。店内にも焼酎がいろいろ。左党にはたまらない

武蔵小山商店街の中ほどにある酒屋さん。店先に貼られた「東京で買えるのはここだけ」のポスターについ自転車を停めて購入。芋焼酎「天朗」はサッパリなのどごしで香りもさわやか。焼酎ビギナーでも抵抗なく飲める。720ml、1300円。1800ml、2280円。ただし、途中で飲まないこと。家に帰ってからゆっくりと味わおう。
営業時間＝11:00～20:30、年中無休／問合せ＝☎03-3781-2060

12 城南エリアのビッグな商店街ツアー

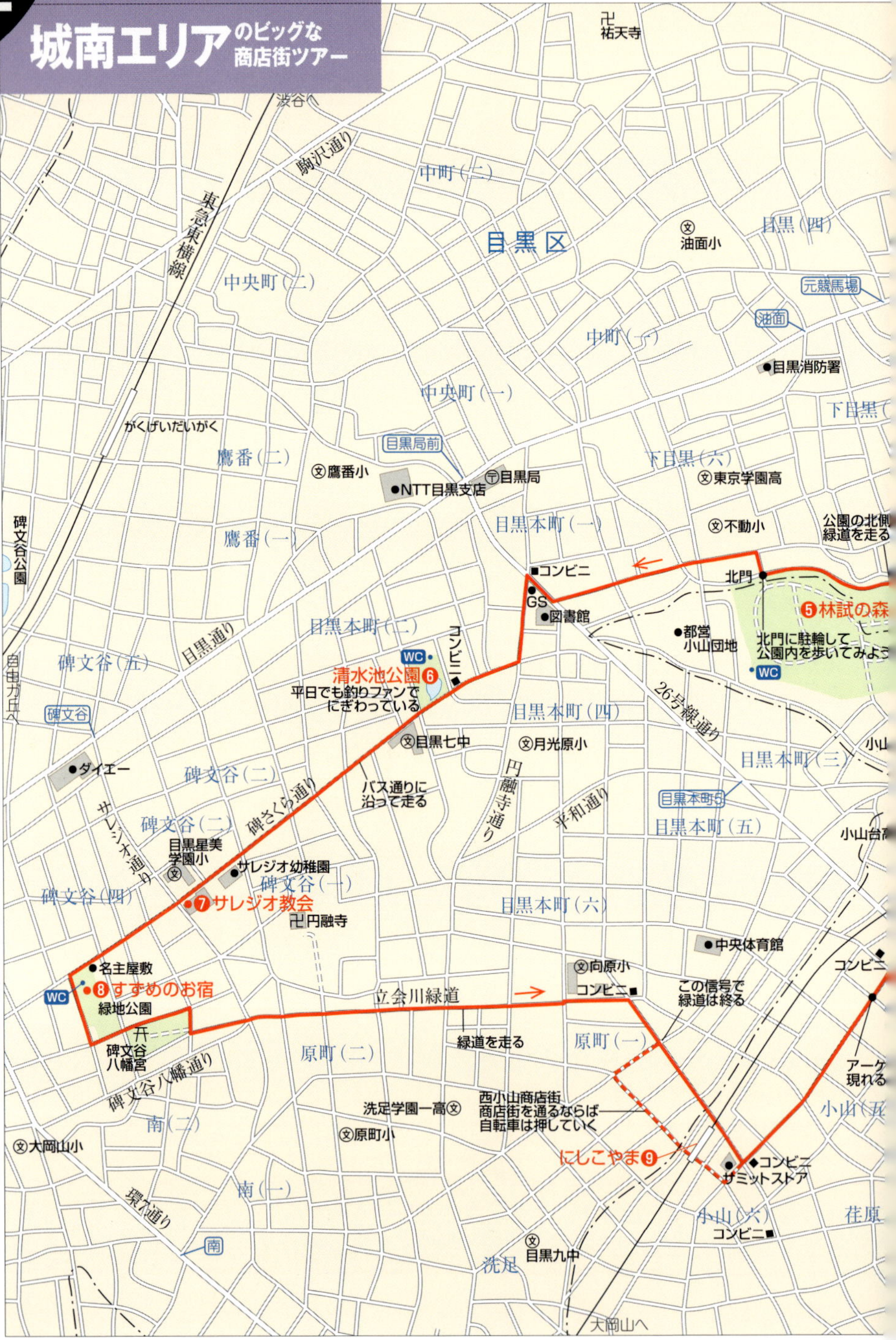

渋谷へ
白金高輪へ
港区
国立自然教育園
地下鉄南北線・三田線
目黒(一)
●区民センター
●りそなホールディングス
●目黒区美術館
IKビル
文日出高
目黒通り
上大崎
文下目黒小
新橋
権之助坂
めぐろ❶
スタート
ゴール
行人坂❷
■コンビニ
■アトレ目黒
上大崎(一)
大鳥神社
急な下り坂
充分に注意
太鼓橋
新目黒ビル
卍大円寺
大鳥神社⛩
下目黒(二)
コンビニ■
下目黒(一)
上大崎(三)
池田山公園
目黒雅叙園❸
山手通り
大目黒高・中
■コンビニ
不動通り
目黒川
蟠龍寺卍
文杉野服飾大
花房山通り
NTT東日本
関東病院
東五反田(五)
キュービル■
下目黒(三)
目黒不動
JR山手線
上大崎3
卍❹目黒不動尊
(瀧泉寺)
西五反田(三)
大日本印刷
五反田工場
NTT
コムウェア
仁王門
目黒不動尊門前通り
首都高速2号線
西五反田(二)
〒大崎郵便局
⓮ごたんだ
かむろ坂通り
●林試の森公園東門
西五反田(四)
ふどうまえ
東急ストア
コンビニ■
歩行者が多い。
走行は十分に注意を
文攻玉社学園高・中
品川区
西五反田(五)
西五反田(七)
⓭大崎広小路
東急目黒線
ゆうぽうと
小山(一)
●桐ヶ谷斎場
おおさき
ひろこうじ
大崎署
東京卸売センター
地下鉄浅草線
卍長応寺
立正大
小山(二)
西五反田(六)
長い坂を
下っていく
荏原(一)
立正高・中
峰原坂
大崎(四)
大崎(三)
文星薬科大
東急ストア
⓫大田屋(酒屋)
荏原(三)
旧中原街道
荏原(二)
中原街道
東京三菱
研修所
東急池上線
百反通り
品川保健所
●阪急共栄ストア
住宅街の中の道
荏原2
平塚(二)
戸越(一)
大崎中
26号線通り
コンビニ
■
⓬とごしぎんざ
戸越銀座
荏原(四)
平塚橋
文平塚中
入口に
戸越銀座のモニュメント
■コンビニ
平塚(三)
とごし
銀行
三ツ木通り
戸越(二)
N
平塚(一)
第二京浜
商店街はさらに
続いている
中延
1:15000
0
200m
〒荏原局
文中延小

13

開放感たっぷり。ビッグなスケールの公園をつないで走る

世田谷の公園を巡る

東京オリンピックの興奮が今に残る駒沢オリンピック公園、馬との触れあいが楽しい馬事公苑、広大な芝生の開放的な砧公園、それぞれに個性的な公園を巡る面白さ。

距離	短い	1	2	**3**	**4**	**5** 長い
時間	短い	1	2	**3**	**4**	**5** 長い
坂道	少ない	1	2	**3**	**4**	**5** 多い
自動車	少ない	1	2	3	**4**	**5** 多い
見所	少ない	1	2	3	4	**5** 多い

コース

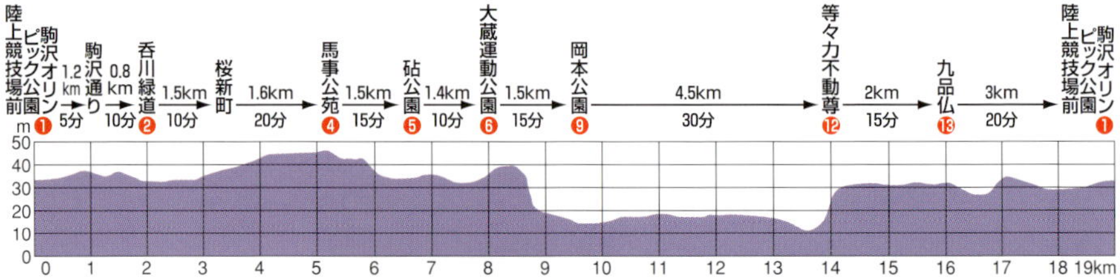

データ

●エリア＝世田谷区、目黒区
●距離＝19km
●時間＝約2時間30分
●スタート／ゴール＝目黒区、世田谷区・駒沢オリンピック公園
●最寄駅＝東急田園都市線駒沢大学駅
●駐車場＝駒沢オリンピック公園駐車場／24時間営業／2時間まで500円。以降30分ごとに100円／☎03-3422-0288

アドバイス

全体に歩道もしっかりと整備されているので走りやすいが、丸子川沿いだけは狭い道で車の通行量も多いので注意して走ろう。香川沿いや砧公園は桜で有名。そんな季節に走るのは最高の気分だ。

②桜の名所として有名な香川緑道

⑤砧公園ファミリーパークは自転車乗入れ禁止。外周に沿ってサイクリングコース（1周1.7km）が整備されている

スタートは駒沢オリンピック公園①のメインスタジアム、陸上競技場の前をスタート。1周約2.2kmのサイクリングコースをおよそ半周して公園管理所の先で駒沢通りに入る。日本体育大学の手前で香川緑道②に到着。春になれば桜並木がずっと続く道だ。国道246号線を渡り、サザエさん通り③を通って桜新町へ。左折しておよそ300m走り信号を右折。道なりに進むと厩舎が建ち並び、さらに塀に沿って走っていけば馬事公苑④正門に着く。自転車の乗入れはできないが、入口に駐輪場がある。昭和15年に開苑。馬術訓練や馬事に関する知識向上、競馬の騎手養成などを行ってきた。東京オリンピックの際には馬場馬術競技会場にもなっている。現在ではほぼ毎週末に馬術競技会が開催、また馬に関する様々な催し物が開かれている。

正門から塀に沿って半周、交番のある交差点で右折。前方、大きな樹々が生い茂るのが砧公園⑤。環８通りと東名高速道路に挟まれた位置にあるが、中に入ればそんなことも忘れさせてくれるほどに緑豊かな森と広大な芝生の広場が出現する。芝生の広場を取り囲むように造られたサイクリングコースを走り、西門へ。公園の外に出ると前が大蔵運動公園⑥。野球場、サッカー場、体育館、陸上競技場などがそろっている。

陸上競技場のそばで車道に出る。短いが急な下り坂は注意が必要。下りきった所を流れるのが仙川⑦。左手の自転車・歩行者専用道を下流へ走り、水神橋⑧で左折。今度は六郷用水に沿って専用道が延びる。小さな森に包まれた岡本公園⑨には民家園やホタル園、茶店もあり、ひと休みに最適。さらに鬱蒼と木が生い茂る静嘉堂緑地を左に見て、少し走ると谷戸川が左から合流する⑩。ここからは車道を走るが、狭い道で交通量も多いので注意。

国道246号線、田園都市線の下をくぐり、しばらく丸子川沿いに走る。谷沢川が左から合流し、その少し先で広い車道の目黒通りに出会う⑪。登り坂が等々力不動まで続く。等々力不動⑫は都内で唯一の渓谷・等々力渓谷で有名。環８通りから九品仏（くほんぶつ）商店街を抜けて九品仏⑬へ。広々とした境内は気持ちがよい。そして、目黒通りを越えて香川緑道を走れば、ゴールの駒沢オリンピック公園はもう近い。

①スタートは駒沢オリンピック公園

駒沢公園はサイクリングコースもしっかりと整備されているほか、レンタサイクル用のコースもある。利用時間＝9:00～16:30（受付け～16:00）、月曜日（祝日の場合は翌日）および12月29日～1月3日休み。利用料金＝ペアペア2周200円、子供1時間100円など。問合せ＝☎03-3422-5444

⑨岡本公園の一角にある岡本民家園。武蔵野の面影を残した民家の縁側に座れば一瞬時を忘れさせてくれる。利用時間＝9:30～16:30、月曜日（祝日の場合は翌日）および年末年始休み。問合せ＝☎03-3709-6959

丸子川は車道と自転車・歩行者用道路が谷戸川との合流地点まで延びる

砧公園アスレチック広場。サッカーグランド、野球場などもある広場。ここは自転車も乗入れできる

丸子川沿いの善養寺はおよそ350年前の開山。境内にあるカヤの大木は東京都の天然記念物

丸子川岸辺の道に沿って、うっそうとした森に覆われた岡本公園と岡本静嘉堂緑地が続く。貴重な自然空間が残されている所だ

⑫等々力不動尊。ここから石段を降りると都内唯一の渓谷、等々力渓谷に出る。遊歩道が環8通り下をくぐり、東急大井町線等々力駅近くまで続いている

ちょっと立ち寄りポイント

⑤砧公園の売店

テーブルと椅子も備えられてひと休みに最適だ

広大な芝生の広場を中心にスポーツグランドやサイクリングコース、バードサンクチュアリなどのある砧公園は、四季を問わず休日には多くの人が訪れる。この公園の正面入口近くにある売店はヤキソバや牛丼、カレーライスなどの軽食や飲み物、園内で使える遊具などがそろっている人気の売店。サイクリングの途中の補給ポイントとしても絶好。

営業時間＝9:00～17:00、月曜日（アスレチック広場の売店は火曜日。ファミリー広場内の売店は土・日曜日のみ営業）休み

13 世田谷の公園を巡る

渋谷へ
世田谷公園
世田谷代官屋敷
世田谷郵便局
世田谷署
世田谷区
上馬
弦巻通り
下馬
学芸大附高
友銀行
駒沢小
駒沢局
こまざわだいがく
野沢
東急田園都市線
さくらしんまち
渋谷へ
サザエさん通り
駒沢
新町
サイクリングコースをおよそ半周して駒沢通りへ出る
東が丘
駒沢陸橋
がくげいだいがく
谷川町子美術館
首都高速3号線
駒沢大
サイクリングターミナル
駒沢公園通り
WC
P
東京医療センター
❷呑川緑道
深沢中
❶駒沢オリンピック公園
駒沢通り
環7通り
碑文谷公園
WC
陸上競技場
体育館
スタート
ゴール
深沢不動
公園管理所
深沢高
P
屋内球技場
柿の木坂
ダイエー
日本体育大
コンビニ
深沢
都立大附高
碑文谷署
深沢不動
八雲
柿ノ木坂陸橋
碑文谷
桜並木が続く
流れの両側に
自由通り
呑川駒沢支流緑道
園芸高
八雲学園
とりつだいがく
平町
呑川緑道
玉川郵便局
消防署
宮前小
東急東横線
自由ヶ丘3
紀ノ国屋
ユニクロ
中根
目黒区
玉川署
目黒通り
東横学園
産能短大
八幡中
等々力
大岡山
緑が丘
自由が丘
とどろき
等々力不動尊
⓬
九品仏（浄真寺）⓭
玉川聖学院高
おおおかやま
おやまだい
東急大井町線
じゆうがおか
みどりがおか
等々力不動尊前
くほんぶつ
東京工業大
尾山台
東急目黒線
おくさわ
コンビニ
御岳山古墳
玉川浄水場
石川町
⓫目黒通り合流
環8通り
奥沢
玉川浄水場
呑川
丸子川
中原街道
玉堤小
武蔵工業大
田園調布
でんえんちょうふ
N
玉堤
東玉川
いしかわだい
1:30000
0
1km
東急池上線

14

緑道を辿って訪ねる公園と史跡

世田谷の緑道を走る

目黒川を遡ると、世田谷区内に入ってすぐに暗渠となり、まもなく烏山川緑道、北沢川緑道のふたつの緑道に分かれる。史跡や公園に寄り道しながら緑道を1周する楽しい道だ。

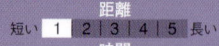

距離	短い	1	2	3	4	5	長い
時間	短い	1	2	3	4	5	長い
坂道	少ない	1	2	3	4	5	多い
自動車	少ない	1	2	3	4	5	多い
見所	少ない	1	2	3	4	5	多い

コース

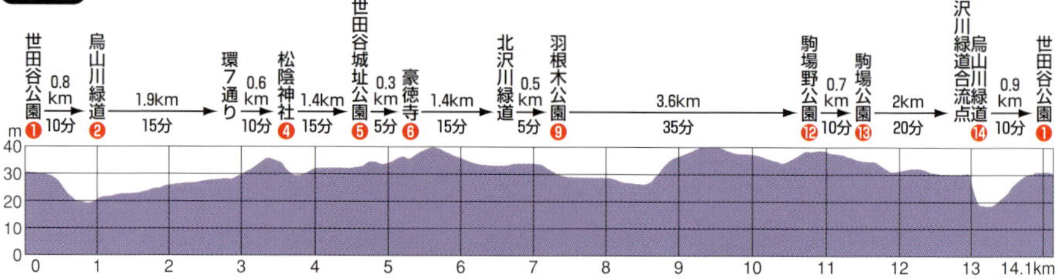

データ

●エリア＝世田谷区、目黒区
●距離＝14.1km
●時間＝約2時間30分
●スタート／ゴール＝世田谷区・世田谷公園
●最寄駅＝東急田園都市線三軒茶屋駅
●駐車場＝世田谷公園駐車場／5:40〜21:20（11月5:40〜17:30、12月〜3月8:00〜17:30）／30分100円／☎03-3412-7841

アドバイス

緑道は車道を何本も横切るようにして延びている。車道を横断する場所では必ず停まって左右の安全を確認してから横断するように。

北沢川緑道は、かつて玉川上水から農業用水を引いていた北沢川の跡

烏山川緑道は住宅地に挟まれた静かな道だ

世田谷公園①から、三宿通りを右へ。国道246号線を渡る。この辺りは、流行りのオープンカフェやアンティークショップが並ぶしゃれた通りだ。国道を越えて三宿池尻の交差点を過ぎるとすぐに三宿通りで分断された形で左右に緑道が伸びているのが見える。左側の緑道に入る。烏山川緑道②だ。

環7通りは左手の東急世田谷線が走る若林踏切③の信号で渡り、右手すぐの緑道に再び入ると松陰橋に着く。左折して松陰神社④へ。少し走り世田谷区役所の手前で右折。国士舘大学の校舎や体育館が建ち並ぶ間の広い歩道を下り、また烏山川緑道に入る。よく整備された走りやすい道だが、人通りも多いのでスピードは控えめに。やがて、信号が現れる。右折すると世田谷城址公園⑤。吉良氏初代が南北朝のころ、戦の手柄を立てたことで足利基氏から世田谷領をもらい受け築城したの始まり。

現在では濃い緑と石垣に包まれた公園になっている。その先、立派な山門は豪徳寺⑥だ。山門を後に信号を渡ると再び烏山川緑道。東急世田谷線の踏切を渡り右へ進む。世田谷八幡宮⑦を過ぎ、突き当たりを右。踏み切りを渡り返して左へ。豪徳寺商店街の中を走る。小田急線豪徳寺駅⑧を過ぎて道なりに走ると北沢川緑道だ。緑道沿いに右へ走り小田急線梅ヶ丘駅前から左にコースを取れば梅林で有名な羽根木公園⑨。

公園の散策を終えたら、小田急線のガードをくぐり左折すると北沢川緑道に再び出会う。環7通りは右手の宮前橋の信号で渡る。代沢小学校を過ぎて左折すると茶色の土塀と森に包まれて森巌寺⑩が建っている。隣りは北沢八幡神社。神社に沿って左に進み短い坂を登りきって右折。閑静な住宅街を走る。

京王井の頭線池ノ上駅⑪の手前、池ノ上駅前郵便局の先を右折して線路に沿って走ればこんもりとした森が現れて駒場野公園⑫に着く。踏切を渡り白壁造りの日本民芸館、さらに駒場公園⑬とひと回りして、井の頭線駒場東大前駅の手前でガードをくぐりファーストフード店の右手の道に入り道なりに走る。そして突き当たって左折、最初の信号で右折。緩い坂道を下り第三機動隊の正門前で右折。やがて崖下に景色が広がり石段を下るとすぐに緑道が現れ、100mほどで、右から北沢川緑道、左から烏山川緑道が合流⑭。烏山川緑道から三宿通りを世田谷公園に戻る。

①世田谷公園はプール、野球場、テニスコートなどのスポーツ施設と子供のためのSL広場、噴水広場などを持つ広大な公園

⑩森巌寺。徳川家康の次男・秀康の位牌所として慶長13年(1608)に建立。境内には樹齢およそ600年のイチョウの大木もある

④安政の大獄で処刑された長州藩士・吉田松陰の霊を祭る松陰神社

⑫駒場野公園は東京教育大学農学部の跡地を利用して造られた。その一画にあるケルネル田圃は明治11年(1878)開校の旧駒場農学校の実習田圃

⑥豪徳寺は文明12年(1480)に、世田谷城主・吉良政忠が伯母弘徳院のために建てたもので、江戸時代になって井伊直孝が菩提寺とし、今の名前に改名された。境内には桜田門外で暗殺された井伊直弼の墓がある

⑬駒場公園。園内には旧前田侯爵邸や日本近代文学館などがある。開園時間＝9:00〜16:30

⑭北沢川緑道と烏山川緑道の合流点

⑨羽根木公園は梅の名所。園内にはおよそ600本の梅の木が植えられ、毎年2月には梅祭りが行われ賑わう

ちょっと立ち寄りポイント

豪徳寺の招き猫

招き猫は300円から5000円まで

彦根藩主井伊直孝が山門の前を通りかかったとき、境内にいた猫が手招きした。それにつられて寺に入ったとたん、雷鳴とともに豪雨が降り注いだ。井伊直孝は危うく難を避けた。これ以降、吉運を呼ぶ猫として招き猫が世に知られることとなった。

豪徳寺山門脇に建つ山崎商店で求められる／営業時間＝8:00〜20:00

14 世田谷の緑道を走る

山の手・下町

新宿へ
上原中
渋谷区
上原
ひがしきたざわ
北沢(三)
三角橋
松蔭学園
上原2
倉通り
ザ・スズナリ
北沢(二)
北沢(一)
東大研究センター
近代文学博物館
駒場通り
⑬駒場公園
WC
日本民芸館
京王井の頭線
コンビニ
しもきたざわ
⑪いけのうえ
東京大教養学部
コンビニ
池ノ上郵便局の角を右へ
池之上小
線路沿いを走る
駒場通り
コンビニ
こまばとうだいまえ
国際高
⑫駒場野公園
茶沢通り
代沢(二)
代沢三差路
代沢(一)
WC
大学入試センター
目黒区
渋谷へ
北沢八幡神社
富士中
駒場
⑩森巌寺
一旦停止を左へ。直進する道は下り坂になっている
登りきって右へ
駒場学園高
淡島通り
筑波大駒場中・高
こまばエミナース
駒場高
コンビニ
池尻(四)
淡島
駒場東邦中・高
警視庁第三機動隊
代沢
崖下に街が見える
下り切らずに第三機動隊の正面入口を右へ
三宿(二)
代沢(四)
多聞小
階段を下るスロープあり
東邦大病院
緑道が左右に分断されている
緑道分岐
渋谷へ
太子堂中
国立成育医療センター研究所
いけじりおおはし
代沢十字路
コンビニ
池尻(三)
目黒川
大江戸東山温泉
コンビニ
三宿池尻
②烏山川緑道
三宿通り
三宿(一)
東急田園都市線
太子堂(五)
太子堂(三)
世田谷学園
茶沢通り
コンビニ
首都高速の下を国道246号線が走る。信号で渡る
池尻(二)
三宿
太子堂(二)
池尻中
東山小
太子堂小
玉川通り
池尻小
新星中
茶沢通りは三軒茶屋と下北沢を結ぶ道。交通量が多い
スタートゴール
人見記念講堂
消防署
池尻小
P
教学堂(目青不動)
防衛庁技術研究所
WC
西友
昭和女子大
①世田谷公園
昭和女子大附属中・高
自衛隊中央病院
コンビニ
さんげんぢゃや
下馬
桜新町へ

15

下町情緒をいっぱいに感じながら柴又界隈、そして広々とした水辺を行く

柴又と下町水辺巡り

東京とは思えない自然たっぷりの水元公園をスタートし、寅さんで知られる柴又帝釈天で下町情緒に触れ、中川沿いなどの気持ちのいい水辺を走行。下町から川沿いまで、変化に富んだコースを18kmで結ぶ。

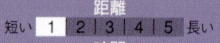

距離	短い	1	2	3	4	5	長い
時間	短い	1	2	3	4	5	長い
坂道	少ない	1	2	3	4	5	多い
自動車	少ない	1	2	3	4	5	多い
見所	少ない	1	2	3	4	5	多い

コース

水元公園❶ →2.7km 20分→ 江戸川サイクリングロード❷ →2km 15分→ 柴又❸ →3km 25分→ 高砂橋❺ →1.5km 10分→ 青戸八丁目国道6号線❻ →3.2km 20分→ 飯塚橋東詰❼ →2.2km 15分→ 新大場川水門❽ →2.8km 15分→ 水元公園❶

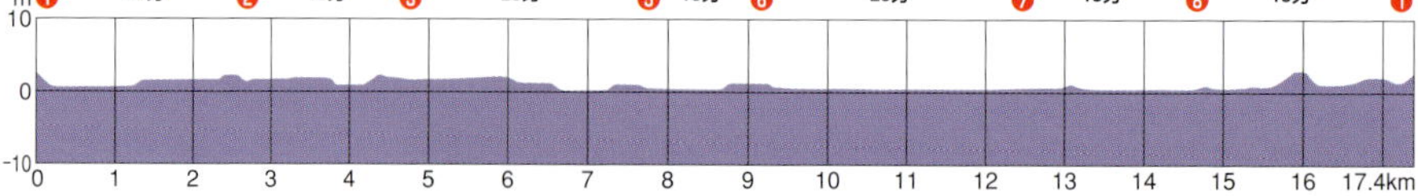

データ

●エリア＝葛飾区、足立区
●距離＝17.4km
●時間＝約2時間
●スタート／ゴール＝水元公園
●最寄駅＝JR金町駅
●駐車場＝水元公園駐車場／24時間営業／2時間まで400円、以降30分ごとに100円／問合せ＝公園管理事務所☎03-3607-8321

アドバイス

休日の柴又界隈は、歩いて散策した方がよい。駐輪場は葛飾柴又寅さん記念館の向かい側のレンタサイクルセンター内にあるが、それは葛飾柴又寅さん記念館のものであることをお忘れなく。レンタサイクルセンター。利用時間＝3月〜11月・9:00〜17:00、12月〜2月・9:00〜16:00、利用日は土・日曜日および祝日(平日と年末年始休業)。利用料金＝高校生以上400円。問合せ＝葛飾柴又寅さん記念館☎03-3657-3455。またクルマ用の駐車場は、葛飾柴又寅さん記念館から見て、江戸川の河川敷にもある。
柴又公園駐車広場＝問合せは葛飾柴又寅さん記念館

山の手・下町

①とにかく広大な水元公園。キャンプすることも可能。春は桜、梅雨のころは花菖蒲など四季折々の草花が楽しめる

スタート地点となる水元公園①は、面積が約75万㎡で、都内の公園としてはで葛西臨海公園に次ぐ広さ。小合溜という池から引いた大小の水路が作り出す水郷景観は、東京都内にいることを忘れるほどだ。ポプラ並木、メタセコイヤの森などもあり、ここだけをのんびりとサイクリングするのも十分に楽しい。

水元公園を出て約1.5kmで江戸川の土手上のサイクリングロード②となる。視界が大きく開け、対岸の千葉県松戸市まで見渡せる。ちなみに千葉県側の土手までは500m。これほどの距離を見渡せるのは、都心では大きな川の土手か海くらいだろう。

3kmほど下っていくと、金町浄水場裏の交差点が見えてくる。この付近から河川敷に下りていくと、矢切の渡しだ。矢切とは、川向こうの松戸市側の地名だ。この渡しは寛永8年(1631)、地

元の人々の農耕や買い物、帝釈天参詣などのために、徳川幕府によって指定された渡し。その後明治39年（1906）に伊藤左千夫の小説『野菊の墓』の舞台として知られるようになった。野菊の墓の文学碑は、矢切の渡しで江戸川を渡り、東約1kmの所の西蓮寺にある。

矢切の渡しから、江戸川の土手を挟んで西側が寅さんで有名な柴又③となる。日曜の柴又界隈を散策するのなら、歩いていくことを強くお薦めする。特に休日の帝釈天の参道は、観光客でごった返していることが多い。

柴又公園から高砂橋⑤までは約3km。柴又七福神巡りをして功徳を積むのもいい。高砂橋を渡ると、水辺のサイクリングとなる。京成本線をくぐる所で路地裏を迂回することになるが、それ以外は中川の水辺を行く。

中川というのは意外と大きな川だ。江戸川などに比べて知名度は低いが、河川敷を除いた、水が流れる部分の幅でいうと、江戸川とほぼ同じくらい。それだけに水辺を走るのは広々としていて気持ちいい。

京成本線をくぐって約2kmで、国道６号と交差⑥。信号を渡るために迂回する。クルマが通れないような細い舗装路、舗装路脇の締まった土の道など、変化に富んでいて飽きることはない。

ＪＲ常磐線をくぐり、約1km進んで飯塚橋⑦を渡り、左岸へ。さらに中川沿いを北上し、右にカーブすると、左手に新大場川水門⑧が見える。そこを通過して、大場川沿いを1km強ほど進むとゴールの水元公園となる。

②広々とした空間が気持ちいい江戸川のサイクリングロード

水元公園の管理事務所そばにある「涼亭」では食事もできる。海老穴子天丼900円。☎03-3608-2261

気持ちよく走れる中川沿いの道

買い食いが楽しい帝釈天参道。名物は草団子、せんべい、くずもちなど。寅さんの実家「くるまや」は、参道入口付近にある高木屋がモデル

矢切の渡しは、すいているときに限って自転車も載せることができる（別途150円必要）。運行時間＝9:00～日没まで、1月1日～1月中旬および3月中旬～11月30日は毎日運行（上記期間を除く12月1日～3月中旬は土・日・祝日および庚申の日のみ運行）

自転車を使えば柴又七福神巡りも効率的（柴又七福神事務局☎03-3658-9777）

④柴又帝釈天と参道。帝釈天は山門の緻密な透かし彫りの彫刻も見事

③映画「男はつらいよ」シリーズを紹介する葛飾柴又寅さん記念館。撮影に使用した茶の間や帝釈天参道のセットや、衣装、台本など展示。開館時間＝9:30～17:00、第4月曜日（ただし第4月曜日が祝日の場合は直後の平日）および12月28日～12月31日休み。入館料＝一般500円。問合せ＝☎03-3657-3455

ちょっと立ち寄りポイント

④川千家

柴又界隈での老舗といえば、創業約250年を誇り、うなぎや鯉などの川魚料理で知られる川千家（かわちや）。うな重（梅）2000円より。
営業時間＝11:00～（ラストオーダー19:00）、年末および8月の数日を除いて無休
問合せ＝☎03-3657-4151

15 柴又と下町水辺巡り

千葉県
松戸市
江戸川区
矢切の渡し
❸柴又公園／寅さん記念館
❹柴又帝釈天
❺高砂橋
❻青戸8
青戸8の信号で渡る
細い路地裏を走る
北総開発鉄道
京成本線
京成金町線
JR常磐線
JR新金貨物線
JR総武線
新葛飾橋
金町浄水場
金町小
水戸街道
金町3
金町
かなまち
けいせいかなまち
末広小
葛飾商高
住吉小
高砂8
イトーヨーカドー
けいせいたかさご
コンビニ
観蔵寺
亀有署
青砥神社
東洋インキ
慈恵医大病院
青戸小
青砥駅東
青戸
青砥橋
高砂諏訪橋
細田橋
三和橋
中川
新中川
中川大橋
中川橋
延命寺
新宿
亀有
かめあり
香取神社
長門小
環7通り
綾瀬へ
日暮里へ
押上へ
松戸へ
東松戸へ
京成八幡へ
良観寺
しばまた
柴又帝釈天前
桜道中
柴又小
柴又
万福寺
宝生院
医王寺
しんしばまた
リブレ京成
柴又街道
鎌倉
高砂北公園
高砂団地
高砂小
高砂中
高砂
細田
愛国学園高・中
西小岩
北小岩
けいせいこいわ
あおと
1:30000
1km
A
矢切の渡し公園
柴又公園／寅さん記念館
レンタサイクルセンター／駐輪場
❹帝釈天参道
万福寺
柴又(六)
東柴又小
宝生院
医王寺
しんしばまた
コンビニ
ジョナサン
柴又小
柴又(四)
さくら道
桜道中
しばまた
東和
高木屋
川千家
題経寺
柴又帝釈天
真勝院
京成金町線
良観寺
金町公園
金町浄水場
柴又帝釈天前
●色は柴又七福神
観蔵寺へ
B
❺高砂橋
京成電鉄

川沿い、公園、緑道沿いと、変化に富んだ景色を走る

ツール・ド・アダチ

足立区の区界に沿って、大きく1周しようというもの。
知られざるのどかな道をたどり、古の日光街道の名残を残す北千住、荒川の広々とした河川敷などを36.5kmで結ぶ

距離	短い	1	2	**3**	4	5	長い
時間	短い	1	2	**3**	4	5	長い
坂道	少ない	**1**	2	3	4	5	多い
自動車	少ない	1	2	**3**	4	5	多い
見所	少ない	1	2	**3**	4	5	多い

コース

舎人公園① → 5.5km 35分 → 国道4号③ → 4.5km 25分 → 神明六木遊歩道入口⑥ → 5km 30分 → 大谷田橋交差点⑧ → 3km 20分 → JR綾瀬駅⑨ → 3km 20分 → 堀切橋⑩ → 3km 20分 → 千住大橋⑪ → 2km 10分 → 荒川土手⑬ → 7km 30分 → 鹿浜橋⑭ → 3.5km 20分 → 舎人公園①

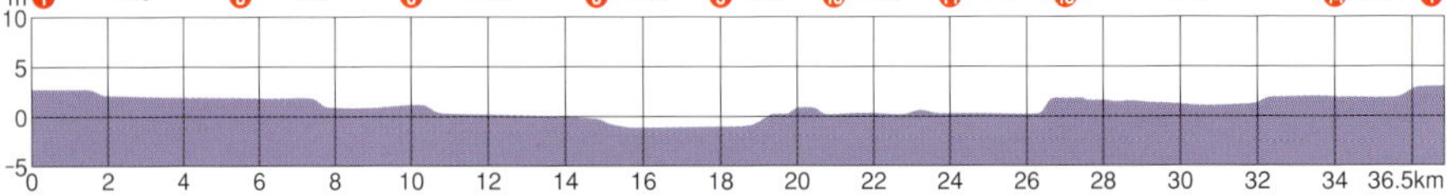

データ

●エリア＝足立区ほか
●距離＝36.5km
●時間＝約3時間30分
●スタート／ゴール＝足立区・舎人公園
●最寄駅＝東武伊勢崎線竹ノ塚駅
●駐車場＝舎人公園駐車場／24時間営業／1時間まで200円。以降30分ごとに100円／☎03-3857-2308

アドバイス

新芝川沿いのサイクリングロードは、頻繁に一般道と交差し、しかも自転車用の横断歩道がないため、渡るためには注意が必要。クルマが多いときには近くの信号まで迂回した方がよい。

⑥神明六木遊歩道。途中には風車や池のある公園もあり、のんびり休憩したくなる

神明六木遊歩道には幹の直径が50cm以上あるスダジイという大きな常緑樹が植わり、その緑の濃さと木漏れ陽が見事

スタートは舎人公園①。同名の交差点から尾久橋通りを2km北上し、右折すると、見沼代親水公園②となる。公園内は幼児も多いので、ゆっくりと走行しよう。なお約200m北側を流れる毛長川沿いにも、走れる道がある。自転車1台分ほどの土の道で、こちらも楽しい。

東武伊勢崎線をくぐり、4号バイパス③にぶつかったら、右に100mほど進んだ信号を渡って直進し、そのまま旧4号（日光街道）も渡る。旧4号が毛長川を渡るひとつ手前の路地を右に入ると、再び道は毛長川沿いとなる。

内匠橋で綾瀬川を渡り、首都高に沿って約200m北に向かうと、住宅の間に神明六木遊歩道⑥の入口が見える。ここからがツール・ド・アダチの知られざるハイライト。桁川に沿って緑道が続いているのだ。

約2kmの神明六木遊歩道を満喫すると、突然視界は開け、中川沿いに出る。右折して300m進むと花畑運河となる。そこを右折してさらに300m進むと葛西用水⑦。この水路の東側は交通量が多いが、西側にはのんびりと走れる道が続いている。大谷田橋交差点⑧で環７通りにぶつかったら右折し、1kmほど西へ進むと東綾瀬公園となる。

東綾瀬公園を過ぎ、ＪＲ綾瀬駅⑨の西側で常磐線下を通過。東京拘置所の高い塀の脇を南下していくと、荒川の土手に上がる。広々とした風景が開放的で気持ちいい。堀切橋⑩を渡り、桜並木の続く柳原商店街を西に向かうと、北千住界隈に出る。ＪＲ常磐線の踏切を渡り、最初の十字路が北千住仲町商店街だ。

この道は、江戸時代に「やっちゃ場」という青果市場で賑った辺りで、屋号を書いた看板などに、その名残を感じることができる。そのまま北上することもできるが、時間と体力に余裕があれば、北千住界隈を訪ねておくのもいい。賑やかな商店街の北千住サンロードをいったん南下してみよう。千住大橋まで行ったら、同じ道を引き返し、荒川にぶつかるまで北上する。

荒川の土手を越えて広々とした河川敷⑬に降りる。約7km走ると鹿浜橋⑭、それをくぐってから土手上に上がって鹿浜橋を渡り、さらに上流へ500mほど向かうと都市農業公園となる。ここを右に入ると新芝川沿い⑮のサイクリングロードとなる。約2km先の新芝川橋で右折し、1km進むと舎人公園でゴールだ。

①スタートは足立区北西部の舎人公園。公園内には池や噴水広場、芝生の広場などもあり、ウォームアップがてらのんびり走るには最適だ

東綾瀬公園西側の散歩道沿いに、かつての農業用水を生かしたせせらぎが流れている。駐車場＝24時間営業／2時間まで500円。以降30分ごとに100円／☎03-5679-4739

④鷲宮橋にぶつかったら都道466号を南下。30m先のこの写真の場所を左に入り、その先の駐車場脇を左へ入ると、綾瀬川に沿いに出る

東京拘置所の高い塀の脇を走っていく

⑤綾瀬川沿いに続く土の道。入口が分かりづらいが、交通量の多い都道とは100mほどしか離れていないが、のんびり走れる

⑪千住大橋は文禄2年（1594）に、徳川家康によって架けられた隅田川最古の橋。橋の北西側の大橋公園は、松尾芭蕉の奥の細道の旅の出発地でもある

⑦葛西用水は、徳川幕府の天領開発策により、1660年に開削された総延長約70kmの農業用水。埼玉県羽生市の利根大堰から取り入れた利根川の水を、埼玉用水を経由して流れてきている

⑮新芝川沿いのサイクリングロードは、桜のころは見事だが、歩行者も多くなる

ちょっと立ち寄りポイント

⑫槍かけだんごの店「かどや」

北千住サンロードは地元の人で賑やかな商店街。この商店街を挟んで南は隅田川の千住大橋、北は荒川土手までの約2kmには見所がいっぱい。旧家も多く、「骨接ぎの名倉」として江戸時代より有名な名倉医院もある。地元の人が列を作る槍かけだんごの店「かどや」もぜひ寄りたいところ。

営業時間＝9:00～売切れまで（通常は夕方くらい）、不定休／問合せ＝☎03-3888-0682

ツール・ド・アダチ

埼玉県
見沼代親水公園
舎人二つ橋
新里町
コンビニ
尾久橋通り
②見沼代親水公
毛長橋
舎人
入谷
古千谷
古千谷本町
スタート
ゴール
①
舎人公園
凸版印刷
新芝川橋
卸売市場
⊗伊興小
西伊興
皿沼
舎人公園
伊興
コンビニ
東領家花の枝橋
新芝川
領家
加賀
谷在家
領家橋
山王橋
⑮
鹿浜4
谷在家公園
芝川水門
WC
都市農業公園
鹿浜
椿
西新井大師
だいしまえ
江北陸橋
環7通り
西新井1
鹿浜橋⑭
WC
堀之内
首都高速川口線
江北4
荒川
江北
新田
尾久橋通り
本木北町
江北JCT
扇
江北橋
首都高速中央環状線
豊島
広々とした荒川の
河川敷を走る
宮城
扇大橋
小田
堀船
尾久橋
隅田川
あらかわ遊園
尾久の原公園
町屋
北区役所
おうじ
JR東北本線
西尾久
東尾久
尾久橋通り
東北・上越新幹線
かみなかさと
おく
荒川区
市場で働く
食堂も
まちや
上野
日暮里へ
池袋へ
池袋へ
いたばし
N
1:50000
0
2km
JR埼京線
石神井川
北区
王子
じゅうじょう
上十条
東十条
ひがしじゅうじょう
おうじかみや
神谷
環7通り
地下鉄南北線
しも
あかばね
志茂
あかばね
いわぶち
新荒川大橋
門樋橋
中央橋
元郷
上の橋
かわぐちもとごう
かわぐち
川口市
末広
十二月田
新井町
弥平
朝日
末広
122
◎川口市役所
岩槻街道
埼玉高速鉄道
芝川
青木

草加へ
西袋
草加市
谷塚町
東武伊勢崎線
やつか
レンゴー
瀬崎町
コンビニ
毛長川
毛長公園
公団花畑団地
花畑大橋
花畑北中
清掃工場
A
B
3
大曽根
八潮市
綾瀬川
西保木間
花畑
旧日光街道
浮塚
神明水の森公園
古新田
神明六木遊歩道
木々に囲まれた道を走る
東保木間
南花畑
WC
六木
保木間
6
桜木橋
花見橋
大場川
水元公園
元渕江公園
花畑小
内匠橋
花畑運河
コンビニ
岩槻街道
花保中央公園
7 葛西用水
神明南
西水元
六月
首都高速三郷線
佐野
足立区
千代田線車庫
辰沼
中川
平野
大谷田
島根
六町
加平
中川小
大谷田橋
環7通り
コンビニ
飯塚橋
きたあやせ
8 大谷田橋交差点
足立区役所
しょうぶ沼公園
中川公園
中央本町
花畑街道
青井
マクドナルド
うめじま
地下鉄千代田線
蒲原中
東和
中川
東綾瀬公園
金町へ
綾瀬6
弘道
日光街道
ごたんの
かめあり
梅田
東京武道館
綾瀬
イトーヨーカドー
JR常磐線
9 あやせ
千住新橋
伊藤谷橋
みずほ銀行
西亀有
東京拘置所
こすげ
がらの街並み
小菅
元町
C
小菅東スポーツ公園
千住寿町
日ノ出町
堀切
東堀切
12 北千住シロード商店街
きたせんじゅ
堀切橋
10
ほりきり しょうぶえん
コンビニ
千住仲町
うしだ
京成本線
千住東
緑町
売市場
立市場
けいせいせきや
ほりきり
元やっちゃ場(市場)
堀切菖蒲園
アメージングスクエア
11 千住大橋
上野へ
A
草加へ
毛長川
水神橋
毛長公園
4
草加バイパス
公団花畑団地
日光街道
毛長堀橋
3
西保木間(三)
保木間(五)
B
4 鷲宮橋
WC
大鷲神社
花畑(七)
綾瀬川
鷲宮東公園
WC
5
C
小菅
小菅ジャンクション
正覚寺
小菅下水処理場 汚泥処理施設
荒川
綾瀬川
首都高速中央環状線
堀切
柳原
京成電鉄
10 堀切橋
堀切JCT
ほりきり

自転車走行のルールとマナー

自転車走行ルール

自転車は道路交通法の中で軽車両という位置づけになる。
歩道や車道を走るときのルールやマナーをしっかりと覚えておこう。

自転車の走る場所

自転車で走ることが許されている歩道は、このような標識がある

(1)車道の左側端

路側帯(歩道がない道路で、白線で区切られた道路の端の部分)の場合、「白線1本」、「白線1本と点線」は自転車通行可。「白線2本」は自転車通行不可。

(2)[自転車通行可]の標識のある歩道

歩道の中央から車道寄りを徐行。歩行者優先のため、ベルを鳴らして歩行者をどかせるなどの行為はいけない。この場合の歩道とは、どちらの車線でもよい。歩道上で自転車同士がすれ違う場合は、互いに左側に避ける。

●自転車の制限速度

車道では自動車の制限速度と同じ。歩道では歩行者優先で徐行する。

●自転車の交通違反

自転車だからといって信号無視をする人も多いが、それは法律違反である。以下のような禁止事項と罰則が定められていることを知っておこう。

禁　止　事　項	罰　則
2人乗り ただし、「16歳以上の運転者が幼児1人を補助椅子をつけて同乗させること」は可	5万円以下の罰金又は科料
飲酒運転	3年以下の懲役、又は50万円以下の罰金
夜間の無灯火運転	5万円以下の罰金
手放し運転 傘さし運転、携帯電話をかけながらの運転を含む	3ヶ月以下の懲役、又は5万円以下の罰金
歩行者妨害(歩行者への注意や徐行の怠り)	3ヶ月以下の懲役、又は5万円以下の罰金
信号無視	3ヶ月以下の懲役、又は5万円以下の罰金
「一時停止」無視	3ヶ月以下の懲役、又は5万円以下の罰金
並進(2台以上並んでの走行)	2万円以下の罰金又は科料

自転車走行マナー

歩行者をいたわろう
追い越しやすれ違いのとき、「すみません、通ります」などと、ひと声かけてみよう。ベルを鳴らすよりも安全で、そして気持ちよく走ることができる

駐輪について
駐輪による歩道の占拠などは、大きな社会問題にもなっている。自転車を停める場所には十分に気をつけよう

自己防衛について

悪天候による視界不良
雨のときは視界も悪くなりがちだ。街中で霧に包まれるということは少ないが、自転車側が危険に気づきにくいだけでなく、こちら側の存在も認識されにくいことは事実。昼間でもライトを点灯する、明るい色のウエアを着るなどが必要

雨の危険
路面が濡れていると滑りやすくなる。特に路肩の白線上は滑りやすいので要注意。また、リムが濡れることによって、自転車のブレーキの効きも悪くなるし、ブレーキシューも減る。レインウエアのフードを被ることで、音が聞こえにくくなることもある

クルマの動きを予測
クルマの動きを予測することも自己防衛のために必要なこと。駐車車両の横を通り抜けるときに、そのクルマの扉が突然開き、そこに自転車が突っ込んでしまうケースは多い。急にクルマが発進するケースもある。ドライバーにとって、自転車は認識されにくいということを知っておこう

買い物用自転車の存在
サイクリングのときに気をつけなければならないのが、買い物用自転車の存在。買い物用自転車に乗る人の、飛び出し事故は多い。路地などを通過するときには、警戒が必要だ。買い物用自転車の後方にいるときには、突然の進路変更にも気をつけよう

路上の危険
サイクリングロードには、クルマ止めの柵が設置されていることも多い。集団で走るときには特に注意が必要。また、サイクリングロードに限らず路上には、段差、溝をカバーする蓋のずれによる穴などもある。またガラスの破片などはパンクの原因にもなるので要注意

サイクリングをアピール
クルマのドライバーにとって、自転車はスピードの遅いものという認識がある。ヘルメットを被ることによって、そうした自転車とは一線を画すアピールにもなる。車道を走っていて、駐車車両を避けるためにクルマの前に出るときなどは、後方確認、手で合図、アイコンタクトなどしよう

快適に走る

買い物に行くために自転車に乗るときよりも、サイクリングでは長時間、そして長い距離を乗ることになる。そのためには、快適に走り、疲れを残さないちょっとした乗り方のコツがある。

乗り方、降り方

セットしたサドルの高さは結構高めなので、MTBへの乗り降りには慣れが必要になる。特に降りるときは、ブレーキをかけてから、サドルの前にオシリを移動させて、最後に足を地面につける。

スタートするときは、サドルの前にまたがるようにして立ち、右足のペダルを3時の位置にセットする

次にペダルを踏み込み、左足をペダルに乗せ、最後にサドルに腰を据える。これならサドルの高さは気にならない

止まるときに、いきなり足を地面につこうとすると、バランスを崩しやすくなる。また、体に伝わる振動も大きい

ブレーキの使い方

ブレーキは命を預ける大事な部分だ。走行前に点検をして、十分に効くかどうかの確認をしておくことが大切。またレバーの握り方や、かけ方にもコツがあるので覚えておこう。

前後のブレーキの違い

自転車を押して歩き、前ブレーキをキュッと鋭くかけてみる。すると自転車は一瞬で止まり、後輪が浮き上がってしまう。同じように後輪のブレーキをかけてみると、今度は後輪がロックされるものの、そのままズルズルと引きずるように前へ進んでしまう。これが前後のブレーキの差。このことから①前ブレーキは止まる力が強い、②前ブレーキを急激に握ると後輪が浮き上がり危険、③前ブレーキはジワッと握ると安全、ということが分かる

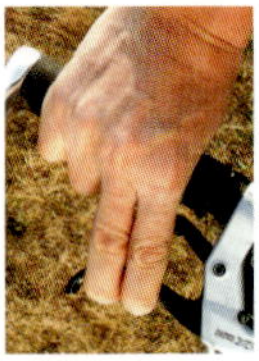

操作する指は、人差し指と中指の2本が基本。指を4本ブレーキレバーにかけるのは、十分にグリップを握れないので危険だ

ペダリングのコツ

ペダリングのコツは何も特別な自転車だけに通用するものではない。買い物用自転車でもやっていることなのだ。しかし、そのコツを覚えると、長時間走るほどその効果は発揮される。

母子球(親指の付け根付近)とペダルの芯棒を合わせるようにしてペダルを踏む。これで、より多くの力が、ペダルに伝わるようになる。ビンディングタイプのペダル(113ページ参照)を使うと、より効率的

ペダリングは円運動だ。踏むというよりも、円を描くことを意識する。踏み下ろすときは前に押し出すように、ペダルが下に来たら、後ろに蹴り上げるように意識しよう

坂道の走り方

多くのギアがあることで、通常は上れないような坂道も上ってしまう。しかも、ギアを変速して走ればカラダへの負担も軽くできる。自転車の機能をフルに生かして、上りや下りを楽しもう。

上りのコツ

軽いギアを使うこと。スピードは遅くなるが、脚や呼吸に負担のないペースで行こう。また、ハンドルを持つ手を引きつけるようにすると、ペダリングの力がアップする

下りのコツ

サドルからオシリを上げると、路面からのショックをヒザで吸収でき、また低重心で安定する。左右のペダルは水平にするとやりやすい

ギアチェンジのコツ

クルマと比べると膨大な数のギアが自転車にはついている。限られた人間のパワーを最大限に引き出すためだ。ギアチェンジは、路面状況や風向きが変わっても、脚にかかる負荷を一定にするためのもの。なるべく頻繁に行おう。

グリップから手を離すことなく変速できるようになっている。これによって頻繁な変速が可能だ

踏み込むよりも、ちょっと軽めで、回すペダリングを心がけよう。スポーティに走るなら1分間に60〜80回転が目安

止まる直前に、軽いギアに変えておく習慣をつけよう。軽いギアの方が、カラダへの負担も少なく楽に再スタートできるからだ

ギアの歯をよく見てみよう。歯先が短いものもあるが、これは変速のきっかけとなってスムーズに変速するためのアイデアだ

前のギアが3枚ある場合、基本的には真ん中のギアを使い、後ろのギアで細かな調節をする

自転車にもオートマチックはある。走行スピードに合わせて、適正ギアに自動的に変速する優れもの（シマノ／オートD）

自転車は全身運動

自転車は下半身の運動と思われるが、実は全身をまんべんなく使っている。例えば、腕は特に大きな動きはないように思えるが、上半身を支えていたり、ペダリングのときにハンドルを引きつけるなどの運動をしている。

オシリ、腰、背中、首、腕と、気がつかないうちに上半身も使っているのが自転車だ

ウォームアップとクールダウン

走り出しは、意識して軽いギアを使おう。こうしてゆっくりとカラダを温めると、1日の後半に差が出てくる。また、クールダウンはおろそかにされがちだが、走行終了直前に軽いギアで流したり、ストレッチをするだけで、疲れの残り方が格段に違う。

カラダが温まる前のストレッチは、号令をかけてキビキビやるのではなく、ゆっくりと行う。上半身もしっかりとストレッチを

水分と食糧補給

水分は汗以上に、呼吸（吐く息）から多く放出される。食糧とともに、マメに補給することが大切だ。

喉の渇きを感じるのは、体が発している水分減少の信号だ。そうなる前に、少しずつ水分を摂るのがポイント

自転車でやせる

**スポーツクラブに行けばエアロバイクがある。自転車＝やせる、というイメージは強い。
では、実際に自転車でシェイプアップするのにはどうすればいいのだろう。**

●有酸素運動がポイント

「走ればやせる。汗をかけばやせる」

これは間違いでもないが、正しいともいえない。やせる＝体脂肪を減らすとすれば、大切なことは、体脂肪を燃焼させることであって、汗をかいて体から水分を絞り出すことではない。水分を絞るというのはサウナと同じで一時的なもの。その後に水分を補給すれば、すぐに体重は戻ってしまう（新陳代謝をよくするという意味では体にはいい）。

では脂肪を燃焼させるとはどういうことか？

体脂肪は運動を始めて20分ほどで、燃え始めるという性質を持っている。やせようとして、短時間でハードに走り回った経験のある人はいないだろうか。汗をかくのでやせたような気はするが、残念ながら体脂肪は減っていない。

やせるメカニズムとはなんだろう。体を動かすエネルギーは、体脂肪と筋肉中にあるグリコーゲンの２つ。運動開始直後は、主にグリコーゲンが中心に使われるが、20分を境にエネルギーのメインは、体脂肪へと移行する。ここからがいよいよ体脂肪燃焼モードになって、やせるのである。

●無理のないペースで走る

次はどんな乗り方をするか。

息が上がって苦しみながら走る必要はない。ここで大切なことは有酸素運動というもので、ゼイゼイしないペースを維持すること。エアロビックエクササイズともいわれる方法だ。

これに対して無酸素運動というのは、限界まで運動強度を上げるもので、短距離走やウエイトリフティングのような瞬発系のスポーツを差す。これは時間当たりのエネ

自転車は楽しみながら効果の上がる有酸素運動に最適なスポーツ

好奇心の赴くままに走っていたら「体脂肪が燃焼しちゃってた」という展開が理想だ

ルギー消費は大きいが、運動時間があまりにも短いので、脂肪が燃焼してやせるところまではいかないのだ。

有酸素運動は無酸素運動のように、高い運動強度は必要ない。目安は息が上がらず、会話ができるくらいだ。

L.S.D.という有酸素運動のコツがある。ロング・スロー・ディスタンスの略で「長い時間、ゆっくりと、長距離」を運動すること。これならば20分以上行っても無理はない。

●気づいたら走っていた、が重要

自転車は、有酸素運動で脂肪を燃焼させることに適した手段だ。ほかにもジョギングや水泳などが一般的だが、運動強度が高いことと、単調だという問題がある。

新しく始める場合、ジョギングにしても水泳にしても、時間当たりの運動強度が高く、20分以上続けるというのは酷だ。できたとしても、継続するのは相当の精神力が必要だ。どちらも単調で、運動中に経過時間を考え続けるのは精神的な負担が大きい。継続するには相当ながんばりが必要になる。

その点で自転車は、走行中の景色の変化が大きく、それを楽しんでいるうちにいつの間にか長時間過ぎていたことに気がつく。「やせる」を目標に頑張るのと、楽しんでいたら「やせていた」では大きく違う。長く続けるためには、こうしたメンタルな部分が重要だ。無理なく、楽しみながら続けよう。

●体への負担が少ない

ジョギングの場合は、足が着地する瞬間にヒザへかかる衝撃は体重の3〜4倍といわれている。体重が重ければ、下半身の関節への負担も比例して大きくなる。これがジョギングや縄跳びなどの問題点。体のために始めたことが、体を壊すことになってはいけない。ところが自転車では、その負担はほとんどない。体重の多くを支えているのはサドルであるし、ギアを効果的に使うことで、関節への負担を軽減できる。重過ぎるギアを使うなど、誤ったことをしない限りは、下半身の関節への衝撃は非常に少ないのだ。

長時間、無理なく続けられるのが自転車のいいところ

●自転車できれいな足になる

自転車乗りの足というと、超極太の足が思い浮かぶ。しかしこれは、日本だけの話。欧米の国々でバイクレグ、つまり自転車乗りの足というと、引き締まった長い足のことをさす。

これは日本と欧米の、スポーツサイクルに対するイメージの違いからきている。日本で自転車競技というと、競輪のイメージが色濃い。主に瞬発力が問われ、どうしても足は太くなっていく。

だが欧米の自転車競技というとロードレースだ。ロードレースは、プロならば1日200km以上走ることも当然で、最高峰のレース、ツール・ド・フランスにいたっては、21日間で3361km（2003年の場合）も走ってしまう。こうしたレースを戦い抜くためには、まずは持久力を備えることが第一条件。これは有酸素運動が基本にあり、結果として足はスラッとしてくるというわけだ。陸上でいえば短距離とマラソンの違いのようなものだ。競技レベルで行わないまでも、自転車の使い方、走り方によって、体つきが変わってくることは理解できるだろう。

足の長さは持って生まれたものなのでどうしようもないにしても（！）引き締まった足は自転車の乗り方によって作れるのだ。方法は前述した有酸素運動で体脂肪を燃焼させること。重いギアを踏み込むよりも、軽めのギアで回転を上げた方が効率もよく、ヒザなどの関節への負担も少ない。

また、体の中で気になるポイントがあったら、その周辺の筋肉を意識して使うというのも有効だ。自転車は体全体を使うので、意識するだけでその部位を、より積極的に使うことになるのだ。

どう、ヤル気が出てきた？

引き締った脚。それがバイクレグだ

郊外の川へ
5コース

17

東京北部の川沿いを走りながら、自然の移り変わりを体感する

石神井川と白子川

石神井川、白子川、荒川と23区北部の川をつないで作った1周約45kmの周回コースを走る。走るにつれ、姿を変える川や街並みとともに、川ごとの違いも楽しみながら走ろう。

距離	短い	1	2	3	4	5	長い
時間	短い	1	2	3	4	5	長い
坂道	少ない	1	2	3	4	5	多い
自動車	少ない	1	2	3	4	5	多い
見所	少ない	1	2	3	4	5	多い

コース

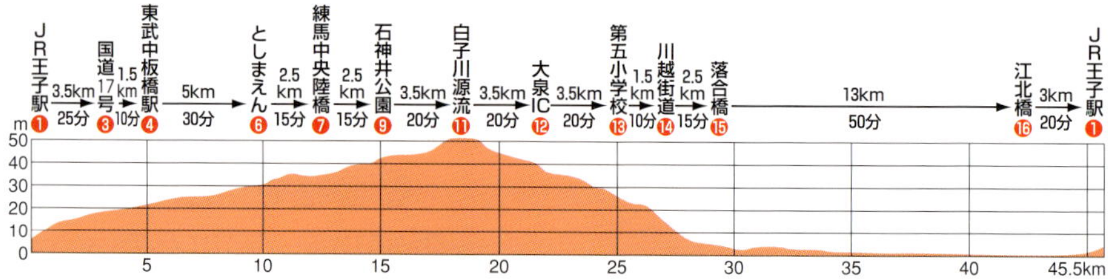

データ

●エリア＝北区、板橋区、練馬区、和光市
●距離＝45.5km
●時間＝約4時間10分
●スタート／ゴール＝JR王子駅
●最寄駅＝JR王子駅
●駐車場＝サンスクエア駐車場（王子）／24時間営業／9:00〜24:00＝30分250円、00:00〜9:00＝30分100円／☎03-3912-3333

アドバイス

距離が長いので時間配分を考える必要がある。石神井公園の散策を始めると1時間はあっという間だ。また、荒川は周りに遮るものがないので、向かい風だと辛い。風向きによっては逆周りをした方が体力の消耗が少ない。

ずっとまっすぐに流れる、と思わせる場所もある

石神井川沿いのサイクリングロードを走る

スタート地点のＪＲ王子駅①。王子カルチャーロードという通路をくぐって線路の反対側に出ると、すぐに音無川親水公園②がある。親水公園に沿って走るとそのまま石神井川沿いの道につながる。国道17号線③を越えるまでは川の両岸の所々に小さな公園があるが、国道17号線を越える辺りから川の流れが直線的になり始める。直線の長さも次第に長くなっていく。環７通り⑤を越えると、周りの家の佇まいが変化してくる。下町っぽさが姿を消し、郊外らしい雰囲気になってくる。

川沿いの道が突然途切れたら、としまえん⑥だ。川は園内を縦断するので、としまえんの周りを半周回って川に合流する。再び直線的な川沿いを走っていると、環８通りの高架が見えてくる。環８通りと目白通りの交差点、練馬中央陸橋付近で川も合

流⑦する。西武池袋線の下をくぐり、再び環8通りを渡ったら、約500mで山下橋交差点⑧だ。

ここで石神井川から離れ、石神井公園⑨に向かう。公園の入口から石神井池の北側を走る。井草通りを渡って三宝寺池とその湿地帯⑩を見よう。自転車の乗入れは禁止されているので、ここでは自転車を押して歩く。

石神井公園を出たら旧早稲田通りを西に進み白子川の源流⑪を目指す。白子川の源流から新河岸川の合流点に向かって走り出そう。交差点ごとにある「河川敷」というペイントが「ここは河川敷なんだ」と思わせる。所々で左右どちらかの岸の道が行き止まりになるので、そのたびに橋を渡る。

西武池袋線と交差する所で道は行き止まるので手前を左に迂回する。踏切を越えて合流する道路は車が多いので十分注意。

大泉学園から川越街道にかけては川沿いの道がなくなったり、ダートになったりするが、地図を参考に川を見失わず走ろう。

川越街道⑭を越えると再び白子川沿いに道があるので、川沿いを行く。ここからは合流点までひたすら川沿いを走る。新河岸川との合流点、落合橋⑮に着いたら新河岸川沿いに笹目橋をくぐり、最初の人道橋を渡って荒川河畔に出る。ここからは荒川サイクリングロードを江北橋⑯まで走る。江北橋で右折したら最初の信号を右折、豊島橋で隅田川を渡り側道を左折、石神井川と隅田川の合流点⑰を目指す。合流点からは石神井川とつかず離れずで、ＪＲ王子の駅へ。

①王子カルチャーロードの入口

白子川の川沿いを走ると目につく「河川敷」のペイント

②この旅の最初に通るのが音無川親水公園。石神井川の旧流路に整備された。音無川はこの辺りでの石神井川の呼称

白子橋には「くつが鳴る」の歌詞がある

⑥としまえん。大正15年（1926）に一部開園

⑯首都高速が荒川を渡ってくる。その先の江北橋で荒川サイクリングコースから離れる

⑪現在の白子川源流。ここから川上は暗渠化されている

新堀橋の先で石神井川が隅田川に注ぐ

ちょっと立ち寄りポイント

⑨石神井公園

三宝寺池のほとりの木道を歩く。東京の自然を体感する

石神井公園は三宝寺池と石神井池、ふたつの池の周りに広がる。三宝寺池沼沢植物群落は昭和10年（1935）に国の天然記念物に指定された。しかし、周辺の都市化に伴い水質の悪化も進み生態も変わってしまったが、現在、元の環境に戻すべく管理を進めており、効果が出始めているという。

石神井川と白子川

大宮へ
とだ
笹目
戸田市
笹目南町
氷川町
南町
早瀬
戸田漕艇場
笹目橋
彩湖
荒川
荒川サイクリングロード
東京外環自動車道
新大宮バイパス
17
新倉
和光北IC
ここから江北橋までは荒川サイクリングロードを走る。オーバーペースに注意
明治アグリス工場
15落合橋
野球
和光市
新河岸
左岸行き止まり。右岸を走る
浄水場
下新倉
吹上観音
三園橋
笹目通り
成増団地
朝霞へ
わこうし
東武東上線
白子
白子川
コンビニ
中央
254
14川越街道
越後山橋で左岸に渡る。この先約200mダート
国立埼玉病院
和光第五小学校
13
東埼橋
コンビニ
なります
なりますちかてつなります
旭町
島忠ホームセンター
八坂中
八坂小
ダートが終わったら右折して川に出る
ちかてつあかつか
光が丘公園
右上の図から続く
A
和光陸橋
254
東埼橋
川越街道
桃手通り
ホンダテクニカルセンター
コンビニ
国立埼玉病院
笹目通り
牛房通り
八雲神社
越後山通り
川越街道を横断するまで川から離れる
突きあたり左折、すぐに右折
13和光第五小学校
白子川
島忠ホームセンター
向山通り
板橋
中台
かみいた
川越街道
土支田
田柄
ひかりがおか
へいわだい
平和台
地下鉄有楽町線
城北中央公園
谷原
練馬区
春日町
栗原橋
WC
大山高
氷川台
小茂根
高松
地下鉄大江戸線
早宮
練馬中央陸橋7
環8通り
としまえん
コンビニ
ひかわだい
新大橋
正久保橋
羽沢
高野台
東京ガス
WC
高稲荷公園
西友
コンビニ
道楽橋
練馬総合運動場
桜台
ねりまたかのだい
日産プリンス
コンビニ
6
WC
練馬
右手にとしまえんを見ながら川と合流するまで走る
富士見台
南田中団地
長光寺橋
貫井
向山
としまえん
さくらだい
ねりま
目白通り
右上の図へ続く
8山下橋交差点
西武池袋線

蕨市
大宮へ
にしかわぐち
JR京浜東北・東北本線
並木
青木
喜沢
西川口
埼玉県
川口市
川口市役所
幸町
喜沢南
川口
川岸
南町
かわぐち
飯塚
金山町
荒
川
浮間公園
赤羽GC
うきまふなと
新荒川大橋
サッカー場
野球場
WC
浮間
東北・上越新幹線
きたあかばね
岩淵水門
新河岸川
あかばねいわぶち
荒川下流工事事務所
荒
川
首都高速川口線
足立区
環8通り
小豆沢
桐ヶ丘
赤羽台
あかばね
志茂
しも
堀之内
しむらさかうえ
志村
鹿浜橋
高速5号線
赤羽西
都民ゴルフ場
中山道
神谷
新田
地下鉄南北線
蓮沼町
西が丘
環7通り
十条仲原
東十条
江北橋 16
おうじかみや
清水町
豊島
豊島橋
宮本町
北区
3 国道17号線
上十条
2 音無川親水公園
いたばし ほんちょう
コンビニ
帝京大
じゅうじょう
ひがしじゅうじょう
JR埼京線
宮城
ときわだい
大和町
石神井川
王子
スタート ゴール
柳田小
17
隅田川
上板橋
氷川神社
仲宿
加賀公園
王子本町
溝田橋
コンビニ
金沢小
緑橋
北区役所
明治通り
4 なかいたばし
板橋三中
紅葉橋
堀船
東武東上線
もみじ緑地
さくら緑地
1 おうじ
荒川区
板橋区役所
板橋
大山町
池袋商高
滝野川
飛鳥山公園
おおやま
おく
上野へ
る幹線道路を参考に、
位置を把握して
配分を行うようにしよう
首都高速中央環状線
かみなかざと
しもいたばし
いたばし
17
122
N
西ヶ原
東京へ
1:50000
0
1km
千川
豊島区
池袋へ
池袋へ
大泉学園通り
関越自動車道
万年橋
コンビニ
別荘橋
全薬工業
大泉学園町
大泉町
この間、川から離れる
向下橋
学園橋
大泉IC 12
びくに公園
中島橋
東大泉
外山橋
練馬IC
白子川
大泉中
三原台
泉橋
おおいずみがくえん
左下のコースから続く
交通量多し。走行注意
西武池袋線
大泉井頭公園
大泉南小
しゃくじいこうえん
サニーヒル
11 白子川源流
こども広場
富士街道
南田中団地
富士街道北
9 石神井公園
三宝寺池 10
山下橋 8 交差点
旧早稲田通り

18

今も存在している「川」と、昔は川だった「暗渠」の上を走る。

桃園川緑道と妙正寺川

桃園川緑道は暗渠化された旧桃園川の上に作られた緑道公園だ。
一方、妙正寺川は神田川と合流し隅田川に流れる川だ。
川の「ある」景色と川の「あった」景色。その違いを感じることができる。

距離	短い	1	2	3	4	5 長い
時間	短い	1	2	3	4	5 長い
坂道	少ない	1	2	3	4	5 多い
自動車	少ない	1	2	3	4	5 多い
見所	少ない	1	2	3	4	5 多い

コース

JR高田馬場駅❶ →(1km 10分)→ 小滝橋❷ →(1km 10分)→ 末広橋❸ →(4.5km 50分)→ 桃園川緑道終点❹ →(3.5km 45分)→ 妙正寺公園❽ →(2km 15分)→ 西武鷺ノ宮駅❾ →(2.5km 20分)→ 環7通り❿ →(2km 15分)→ 西武新宿線中野通り踏切⓫ →(1km 10分)→ 哲学堂公園⓬ →(2km 15分)→ 西武中井駅⓭ →(2.5km 20分)→ JR高田馬場駅❶

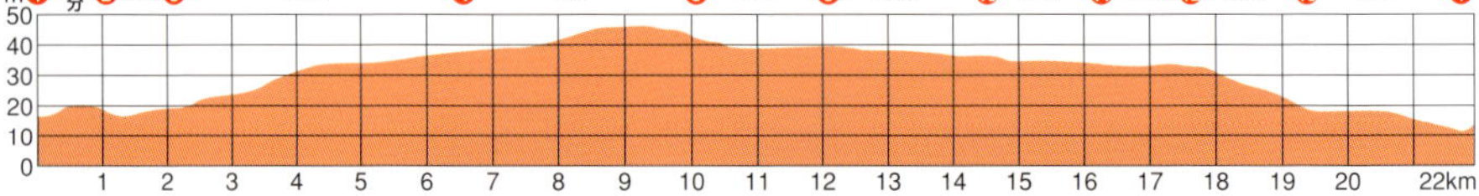

データ

●エリア＝中野区、杉並区、練馬区、新宿区
●距離＝22km
●時間＝約3時間30分
●スタート／ゴール＝JR高田馬場駅
●最寄駅＝JR高田馬場駅
●駐車場＝シチズンプラザ有料駐車場／8:00～23:30／30分200円／☎03-3363-2211

アドバイス

桃園川緑道公園を出てから妙正寺公園までの間は住宅地の一般道。一時停止の標識のある所はもちろん、見通しのよくない所では一旦停止して安全確認しよう。緑道公園の間の道を横断するときも同様だ。

⑥庚申塔と地蔵塔、百番観音供養塔からは18、19世紀の農民の信仰心が伝わってくる

かつては川だったと思われる緑道が延びている

ＪＲ高田馬場駅前①の早稲田通りを小滝橋②まで走ったら、神田川沿いを大久保通りまで上る。大久保通りと神田川の交差する末広橋③の右手から桃園川緑道に入る。入口には碑が立っていて「神田川」の歌詞が彫られている。

桃園川緑道は地元の人が生活の道として使っているためか、緑道を走っていると生活の場が近いと感じる。

桃園川緑道公園の説明が書かれた標識を過ぎるとＪＲ中央線の高架が見え、桃園川緑道は終わる④。が、このまま川が流れていたと思われる道を遡って後半戦の妙正寺川源流を目指そう（実際は、この一帯には水路が縦横に走っていたようで、どれが川とはいい切れない所もあるのだが）。

けやき公園の脇を道なりに走る。しばらく走ると「遊歩道」

の看板はあるが、民家の裏としかいいようのない路地が正面に現れる⑤。ここは看板に従って遊歩道を走る。遊歩道を抜けると中杉通りとの交差点が現れる。

小さなジグザグはあるが、まっすぐ道なりに走ると左手に小さな広場がある⑥。そのまま直進を続け、左手に銭湯(藤乃湯)のある交差点を越えると道はＴ字路にぶつかるので右折、正面に八幡宮が現れる。道なりに進むと木の生い茂った一角があり、その手前を左に入ると、小さな祠がある。ここ天沼弁天のある辺りが桃園川の源流だったといわれている⑦。

ここから妙正寺川の源流は近い。地図に従って走ろう。妙正寺川の源流は妙正寺公園⑧の池だ。落合山橋から川沿いを走る。緑道と比べると川がある分、左右の建物の間隔が広く、開放感がある。橋もさほど多くないので、快適に走れる。

鷺ノ宮⑨、沼袋、中井⑬、下落合と西武新宿線の駅の近くを川は流れる。駅付近では歩行者や自転車に注意して走ろう。駅前と住宅地とを行ったり来たりすると、雰囲気が違うのに気づく。駅の匂いがしてくるのだ。

さて、落合という地名は妙正寺川と神田川が合流する(落ち合う)所から名づけられたといわれている。つまり落合という地名が目に入ったらゴールは近い。

妙正寺川は下落合駅の先、新目白通りと合流する所で地下に潜る⑭。新目白通りを走りＪＲ山手線の線路をくぐったら次の信号を右折。神田川を渡ったらそこが高田馬場だ。

③『神田川』の歌詞の碑が建つ桃園川緑道入口

⑧妙正寺公園内にある妙正寺池が妙正寺川の源だ

桃園川緑道には花壇がたくさん

⑦天沼弁天のあるこの辺りが桃園川の源流だといわれている

④中央線のオレンジ色の車両と高架が見えたら桃園川緑道は終点間近だ

妙正寺川沿い

⑤金太郎の標識も怪しいが道も怪しい。しかし、ここを進んでいく

⑭新目白通りと出会う所で、妙正寺川は地下に潜っていく

ちょっと立ち寄りポイント

⑫哲学堂公園

写真左が四聖堂、右奥は聖徳太子を始めとする東洋の六賢人を祀っている六賢台

哲学者で東洋大学の創立者である井上円了が四聖(孔子、釈迦、ソクラテス、カント)を祀る四聖堂を建立したのが起源。その後精神修養的公園とし、哲学や社会教育の道場として建物等が整備されたという、少し毛色の変わった公園。公園全体が中野区の文化財に指定されている。

開園時間＝9:00～17:00(入園は16:30まで)、12月29日～1月3日休み
入園料＝無料／問合せ＝哲学堂公園事務所／☎03-3954-4881

18 桃園川緑道と妙正寺川

玉北
目白通り
練馬区
しんえこだ
西武池袋線
ひがしながさき
千早
豊島区
北江古田公園
江古田川
江原町
長崎
西池袋
しいなまち
江古田
西落合
南長崎
古田川と合流
新青梅街道
目白
池袋へ
おちあい
みなみながさき
⓬哲学堂公園
天神橋
下田橋
北野神社
桜並木
コンビニ
四村橋
コンビニ
地下鉄大江戸線
目白通り
スピードを出さないのなら、
右側の歩道を走り続けてもいいだろう
めじろ
中落合
松が丘
北原橋
妙正寺川が
地下に潜ってしまう⓮
森公園
⓫中野通り踏切
WC
目白学園
新目白通り
薬王院
新井小
中井
なかい⓭
上高田公園
駅の周辺は
人通り多い
あらいやくしまえ
コンビニ
しもおちあい
WC
新井薬師
上高田
落合公園
WC
たかだのばば❶
落合中央公園
中野通
新杢橋
上落合
山手通り
早稲田通り
スタート
ゴール
中野区
高田馬場
JR山手線
西武新宿線
おちあい
地下鉄東西線
中野
東中野
❷小滝橋
中野ブロードウェイ
区役所
中野サンプラザ
小滝橋通り
百人町
ひがしなかの
なかの
JR中央線
淀橋市場
「神田川四季の道」
四季折々の花を
楽しむことができる
神田川
新宿区
五差路
もみじ山文化センター
紅葉山公園
中野局
北新宿公園
ここから緑道になる。
交差点が多いので、そのたびに
クルマよけをすり抜ける
氷川神社
大久保通り
しんおおくぼ
大久保
コンビニ
ロイヤルホスト
❸末広橋
中野五差路交差点で
中野通りを渡る
中央(三)
堀越学園
中央(一)
おおくぼ
実践学園
塔山小
(五)
宝仙寺
北新宿
地下鉄丸ノ内線
なかのさかうえ
しんなかの
サンブライト
ツイン
ハーモニー
スクエア
本町(二)
山手通り
せいぶしんじゅく
にししんじゅく
東京医科大病院
西新宿
ヒルトンホテル
エルタワー
なかのしんばし
とちょうまえ
マイシティ
しんじゅく
なかのふじみちょう
京王プラザ
ホテル
京王
にししんじゅく
ごちょうめ
東京都庁
KDDIビル
東京へ

武蔵野台地から隅田川に流れ込む川沿いの風景を楽しみながら走る

善福寺川と神田川

吉祥寺周辺からほぼ平行に流れる二つの川、
神田川と善福寺川は中野富士見町で合流する。
それぞれの源流と合流点を結んだコースは平坦でかつ距離も適度。

距離：短い 1 | 2 | 3 | 4 | 5 長い
時間：短い 1 | 2 | 3 | 4 | 5 長い
坂道：少ない 1 | 2 | 3 | 4 | 5 多い
自動車：少ない 1 | 2 | 3 | 4 | 5 多い
見所：少ない 1 | 2 | 3 | 4 | 5 多い

コース

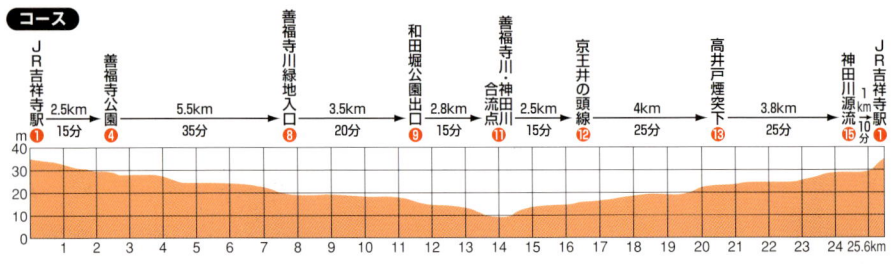

JR吉祥寺駅① → 2.5km 15分 → 善福寺公園④ → 5.5km 35分 → 善福寺川緑地入口⑧ → 3.5km 20分 → 和田堀公園出口⑨ → 2.8km 15分 → 善福寺川・神田川合流点⑪ → 2.5km 15分 → 京王井の頭線⑫ → 4km 25分 → 高井戸煙突下⑬ → 3.8km 25分 → 神田川源流⑮ → 1km 10分 → JR吉祥寺駅①

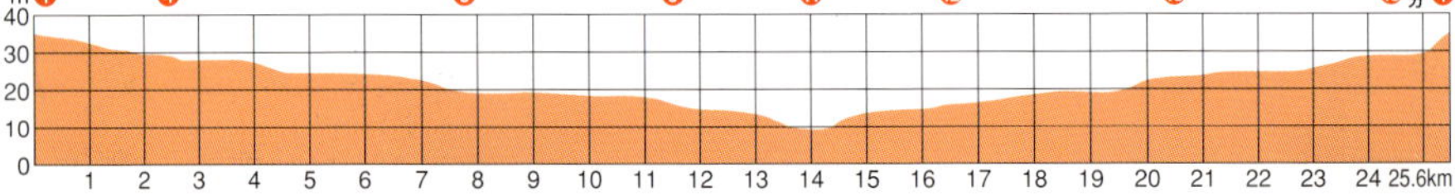

データ

●エリア＝武蔵野市、杉並区、中野区、三鷹市
●距離＝25.6km
●時間＝約2時間40分
●スタート／ゴール＝JR吉祥寺駅
●最寄駅＝JR吉祥寺駅
●駐車場＝吉祥寺駅付近にはデパートの駐車場、コインパーキングなど多数の駐車場がある。相場は30分300円程度。

アドバイス

川沿いの道にとって、橋は一般道との交差点。一時停止をして左右の確認をしよう。たびたび止まるのでスピードを出して一気に走るのは難しい。のんびり散歩気分で風景や季節の移り変わりを楽しもう。

⑮井の頭恩賜公園は大正6年開園。「公園のボートに乗ったカップルは別れる」という話のルーツはここのボートだとか。神田川源流の標識には「ここは神田川の源流です。神田川は善福寺川、妙正寺川と合流して隅田川にそそいでいます」とある

⑥山の手の川を巡る旅がスタート！　最初は道が狭い

スタートはＪＲ吉祥寺駅①。人通りの多い吉祥寺通りを駅西口から北上し四軒寺交差点②を右折、女子大通りを東京女子大前交差点③まで走る。交差点を左折して大学沿いに道なりに進んで最初の信号を右折すると善福寺公園前という信号④がある。善福寺公園はこの通りをはさんで南北に細長く伸びている。

公園内は自転車の乗入れが禁止されているので、自転車を入口の駐輪場に止めて公園北側の善福寺池沿いに歩く。池の北の端にあるのが「遅野井の滝」⑤、善福寺川の源だ。ここから善福寺川を下る旅が始まる。

公園の南側半分は外側に公園に沿った一般道があるので、自転車に乗って再スタート。公園の南端が美濃山橋⑥。ここから川沿いを走るが、400m走ると行き止まりの案内板が立っている。井荻小学校の敷地の中を川

が流れているのだ。案内にしたがって100mほど迂回すると川に戻る。ここから善福寺川緑地⑧の手前までは自転車１台がちょうど走れるくらいの細い道が続く。まさに「都会のシングルトラック」。住宅の庭から伸びる草木が鬱蒼と茂っていたり、木の枝が低くて自転車を降りてくぐらなければならない場所もある。

善福寺川緑地から和田堀公園⑨の先にある武蔵野橋⑩までの4.2kmの区間はジョギングコースにもなっていて、200mごとに距離表示板もある。公園の緑を眺めながら走る。公園が終わると2kmで環７通りを越え、さらにそこから800mで神田川と合流する⑪。合流点から神田川を源流に向かって走る。環７通りを越えると歩行者と自転車の専用道が始まる。神田川沿いには善福寺川沿いのように大きな公園はないが、所々に小さな公園がある。善福寺川に比べると橋が少なく、軽快に走ることができるだろう。井の頭通りを越え、京王井の頭線⑫をくぐり道が右にカーブすると、行く手に高井戸の煙突が見えてくる。高い建造物の少ないこのエリアで最も目立つランドマークだ。

煙突の下⑬には「みなもと4km」の表示がある。環８通りを渡ってさらに川沿いを上る。京王井の頭線三鷹台駅⑭付近では道が途切れるので迂回が必要。川に戻ったら井の頭公園は目前だ。公園に入って京王井の頭線をくぐる。３本目の橋のたもとに源流⑮を示す標識が立っている。さらに井の頭池の北側を走っていくと吉祥寺の街に戻る。

⑤善福寺川源流「遅野井の滝」。源頼朝が奥州征伐に向かう際掘り当てたという。名水としても知られる

神田川沿いの道は広く走りやすい。周囲は閑静な住宅街

さらに進むと道幅は狭く、草木も茂る。耳を澄ませば川の音……。まさに都会のシングルトラック!

里程標が神田川沿いの道の所々にある（杉並区内）。自分の位置が確認できるので心強い

細かった道も松渓橋を過ぎると道が広くなる。和田堀公園付近

⑬高井戸の清掃工場の煙突は、この付近では数少ないランドマーク。ここまで来れば神田川源流まで4kmだ

⑪中野富士見町駅の手前。善福寺川が神田川に合流している。一級河川神田川の標識あり

ちょっと立ち寄りポイント

⑦ムッシュソレイユ

のんびりと川沿いをサイクリング、こういうときは美味しいものを食べたくなる。そこでムッシュソレイユのパン。こじんまりした店に入ったら気の向くまま「これだ!」というパンを探して、公園のベンチに座って食べよう。季節限定のパンもあるので、チェックを欠かさずに。

お店からの注意＝店の前の歩道は狭いので、自転車は店脇のベンチの横に置いてください。

営業時間＝10:00～19:00、月曜日（祝日の場合は翌日）休み／問合せ☎03-3301-1952／http://www.cam.hi-ho.ne.jp/m-soleil/

19 善福寺川と神田川

遅野井の滝⑤
善福寺池
井草八幡宮
今川
妙正寺
善福寺公園
善福寺公園前信号④
⑥美濃山橋
ここから松渓橋までは細い道が続く
WC
寺分橋
この先行き止まり。100m迂回する
善福寺保育園
八幡西橋
桃井4
桃井
武蔵野市
⑦ムッシュソレイユ
東京女子大
井荻小
大宮八幡宮
八丁
②四軒寺交差点
コンビニ
コンビニ
四面道
③東京女子大前
法政一中・高
関根橋
武蔵野八幡宮
西荻北
モスバーガー
上荻
吉祥寺東町
北銀座通り
環8通り
東急
スタート ゴール
神明橋
吉祥寺女子中・高
パルコ
三鷹
①きちじょうじ
にしおぎくぼ
西荻南
コンビニ
吉祥寺南町
桃井第二小
松庵
杉並区
WC
井の頭公園
WC
松庵小
神田川源流⑮
WC
いのかしらこうえん
井ノ頭通り
五日市街道
立教女学院
井の頭
宮前
コンビニ
⑭みたかだい
東京女子大
久我山
宮前4
連雀通り
この先、右岸、左岸とも行き止まり。迂回する
神田川
くがやま
人見街道
三鷹市
富士見ヶ丘検車区
環8通りの抜け道。クルマが多く、スピードを出して走っているので注意
宮下公園
WC
サミットストア
人見街道
ふじみがおか
牟礼
上高井戸都営住宅
この先右岸は行き止まり
コンビニ
月見橋
たかいど
国学院久我山中・高
環8通り
高井戸西
朝日生命スポーツセンター
北烏山
寺町通り
北野
上高井戸
世田谷区
中央自動車道
20
甲州街道
給田
南烏山
ろかこうえん
京王線
はちまん

1:30000
0
1km
N
妙正寺川
本天沼
早稲田通り
中杉通り
中野区
日大二高
馬橋公園
阿佐谷北
高円寺北
中野区役所
なかの
天沼
高円寺中
こうえんじ
JR中央線
あさがや
新宿へ
杉並学院中・高
阿佐谷南
高円寺南
青梅街道
荻窪
杉並区役所
みなみあさがや
地下鉄丸ノ内線
新宿へ
コンビニ
公団荻窪団地
成田東
しんこうえんじ
蚕糸の森公園
ひがしこうえんじ
杉並高
コンビニ
善福寺川緑地公園
東田中
環7通り
神通橋
8
コンビニ
尾崎橋
五日市街道
堀ノ内
東京立正中・高
成田西
和田
神田川・善福寺川合流点 11
交通公園
10 武蔵野橋
この先、左岸の道は行き止まり
佼成学園
善福寺川
杉並区郷土博物館
和田堀橋
善福寺川緑地公園
和田堀公園
9
大成橋
大宮橋
本村橋
丸ノ内線
栄橋
ほうなんちょう
高千穂商科大
河北リハビリテーション病院
方南通り
井の頭線
はまだやま
大宮八幡宮
中野一中
この区間右岸に道はない
方南橋
浜田山
浜田山公園
にしえいふく
方南小
乙女橋
井ノ頭通り
和泉
えいふくちょう
鎌倉橋
下高井戸八幡神社
神田川
荒玉水道道路
和泉小
塚山公園
神泉橋
永福
12 京王井の頭線のガードをくぐる
下高井戸
下高井戸グラウンド
神田橋
新宿へ
東電グラウンド
めいだいまえ
京王線
明治大
だいたばし
永福橋
永福高
杉並聾学校
かみきたざわ
コンビニ
WC

20

朝霧の立つ川に沿ってさわやか気分でサイクリング

野川から野川公園へ

距離	短い 1 2 3 **4 5** 長い	
時間	短い 1 2 **3 4 5** 長い	
坂道	少ない 1 **2 3 4 5** 多い	
自動車	少ない 1 2 **3 4 5** 多い	
見所	少ない 1 2 3 **4 5** 多い	

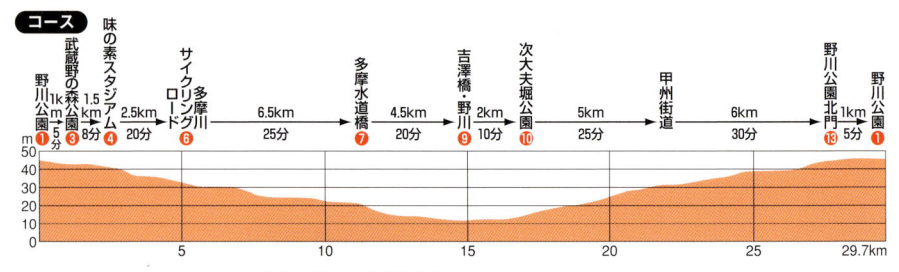

JR国分寺駅近くを源流に、二子橋の下で多摩川に合流するのが野川。その野川の流れを挟むようにして造られた開放的な公園、野川公園をスタート、ゴールに多摩川と野川をたっぷりと走りつくそう。

コース

野川公園❶ →(1km 5分)→ 武蔵野の森公園❸ →(1.5km 8分)→ 味の素スタジアム❹ →(2.5km 20分)→ 多摩川サイクリングロード❻ →(6.5km 25分)→ 多摩水道橋❼ →(4.5km 20分)→ 吉澤橋・野川❾ →(2km 10分)→ 次大夫堀公園❿ →(5km 25分)→ 甲州街道 →(6km 30分)→ 野川公園北門⓭ →(1km 5分)→ 野川公園❶

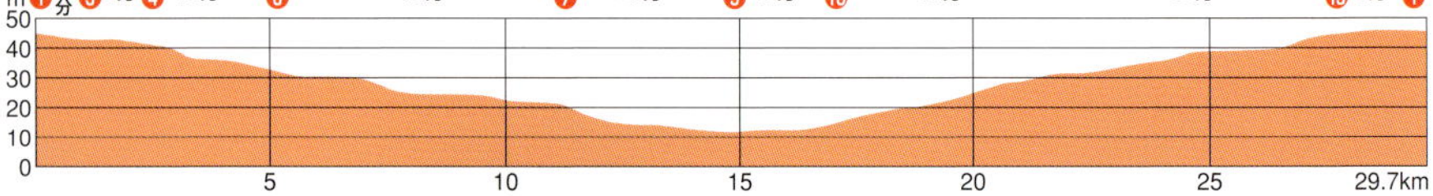

データ

●エリア＝調布市、府中市、狛江市、世田谷区ほか
●距離＝29.7km
●時間＝約2時間30分
●スタート／ゴール＝調布市・野川公園
●最寄駅＝西武多摩川線多磨駅
●駐車場＝野川公園駐車場／8:30～17:30（5～8月は～19:30）／1時間300円。以降30分ごとに100円／☎0422-32-4682

アドバイス

二子玉川緑地運動場をそのまま下流へと走り、兵庫島で橋を渡る。下を流れるのが野川。そのまま川に沿って下り、国道246号線と東急田園都市線の下をくぐれば、野川と多摩川の合流点だ。往復2kmほど。時間に余裕があれば見てきたい。野川公園や野川の周辺は桜で有名だが、四季折々、それぞれ違った自然の風景を見せ、訪れる人を楽しませてくれる。

兵庫島を挟んで手前が野川、奥が多摩川。2つの川の合流点だ

①流れと森が巧みに解け合う野川公園の優しい風景が長丁場を走った疲れを忘れさせてくれる

野川公園①の正門をスタート。信号を渡って右手にはあの近藤勇の生家跡②がある。そのまま人見街道沿いに約500m走り左折すると、新しく造成された武蔵野の森公園③。公園の小高い丘に立てば目の前に調布飛行場の滑走路が延びている。この辺りは米軍の旧関東村キャンプ場跡。広大な跡地には、サッカーグラウンドなどのスポーツ施設が広がる。味の素スタジアム④は甲州街道に出る手前。入口周辺には、コンビニエンスストアやファーストフードの店が何軒も並んでいる。ここから甲州街道を歩道橋で渡る。スロープもついている。また、自転車も乗せられるエレベーターも設置されている。

京王線飛田給駅の踏切を渡って信号を右へ。緩い坂を下り車返団地の信号⑤で左折。さらに中央自動車道と稲城大橋を結ぶ稲城ＩＣの下をくぐり左へ道なりに進めば多摩川の堤防⑥が見えてくる。堤防の上にはサイクリングロードがずっと延びている。歩行者も多いのでスピードは控えめに。

多摩水道橋⑦の手前でいったんサイクリングロードは終わるが世田谷通りを渡り、小田急線を越えて、ひたすら堤防の上を走ると再びサイクリングロードが始まる。行く手に二子玉川緑地運動場が見えてくると、サイクリングロードは堤防からこの公園に向かって下っていく。そして、左手の堤防が切れた所⑧で車道に出て、突き当りを左折、すぐに右に曲がれば吉澤橋⑨。下を流れるのが野川だ。

吉澤橋からは野川に沿って上流へと走る。川の両岸に歩行者・自転車専用道がつけられている。どちらを走ってもいいが、下流部では場所によっては車道が並走する箇所も出てくるので注意。東名高速道の下を抜けると次大夫堀公園⑩の入口。明治時代の農村風景を再現した小さいけれど雰囲気のある公園。この中を抜けて、再び野川に出る。

さらに流れに沿って上流へと走る。初めは住宅街の中だった流れも上流に向かうに連れて辺りの風景は武蔵野の雰囲気を残すのどかさに。そして、いつしか流れの周囲を深い緑に包まれて野川公園に到着する。川の流れが公園の雰囲気と巧みに解け合って気分はすこぶる快適。そのまま透明感のある流れのほとりをのんびりと走り、北門⑬に着いたらスタート地点の公園正門目指して公園の中を走る。

③武蔵野の森公園の小高い丘に登ると目の前に滑走路が現れる。小型機が頻繁に発着している

野川沿いは桜並木も所々に続く。春の季節にぜひ走ってみたい道だ

④サッカーファンなら誰でも知っている味の素スタジアム

⑥多摩川サイクリングロード。自然がたっぷり残された河川敷を見ながら下流へと走る

野川のサイクリングロードと自動車道は平面交差。飛び出し注意のゲートだ

⑩野川沿いにある次大夫堀公園入口。中を抜けていこう

小田急線のガードをくぐると、左手に、きたみふれあい広場が野川に沿って広がっている

水田や農家、長屋門などがタイムスリップした錯覚を起こさせる次大夫堀公園

①野川公園は開放感もたっぷり。公園内の道をゴール目指して走ろう

ちょっと立ち寄りポイント

⑪御林商店深大寺ビール

野川に架かる御塔坂橋から武蔵境通を北へ300mほど走ると、そばで有名な深大寺の入口に着く。そばにビールは乙なもの。ということで、早速ゲットしたいのが「深大寺ビール」。すっきりした口当りが評判のピルセンタイプ、香ばしい香りと苦味のバランスが人気の黒ビールの2種類。ぜひお土産に。神代植物公園のまん前にある御林（みはやし）商店に行けば購入できる。ともに330mlで1本294円（税込み）。

営業時間＝8:00～20:00、水曜日休み／問合せ＝☎0424-82-2701

20 野川から野川公園へ

A
吉澤橋 9
野川
新吉澤橋
小さな公園
堤防
8 堤防が切れている
二子玉川緑地運動場
サイクリングロードは堤防から運動場へ向かって下る
吉祥寺へ
みたかだい
玉川上水
久我山
くがやま
杉並区
神田川
ふじみがおか
たかいど
渋谷へ
牟礼
京王井の頭線
北烏山
北野
中央自動車道
上高井戸
給田
ろかこうえん
はちまんやま
南烏山
下高井戸
かみきたざわ
さくらじょうすい
ちとせからすやま
緑ヶ丘
八幡山
しもたかいど
新宿へ
仙川町
京王線
粕谷
日大文理学部
甲州街道
せんがわ
蘆花恒春園
上祖師谷
桜上水
東急世田谷線
まつばら
桐明学園大
荒玉水道道路
赤堤
つつじがおか
若葉町
環8通り
世田谷区
船橋
つつじヶ丘
神代団地
千歳台
経堂
入間町
きょうどう
野川沿いのサイクリングコースは流れの左右どちら側にもつけられている
環八船橋
川大橋
祖師谷
ちとせふなばし
みやのさか
ワットマン
谷戸橋
東野川
小田急線
そしがやおおくら
桜丘
かみまち
三軒茶屋へ
成城
きたみふれあい広場
東京農大
本町
せいじょうがくえんまえ
砧
三本杉陸橋
小田急喜多見電車基地
関東中央病院
江市
仙川
馬事公苑
弦巻
日大商学部
江市役所
きたみ
中之橋
世田谷通り
上用賀
岩戸北
国立成育医療センター
公園の中を抜けて再び野川沿いの道に出る
世田谷美術館
こまえ
岩戸南
喜多見
砧公園
次大夫堀公園 10
野川
東京IC
世田谷ビジネススクエア
ようが
みたまがわ
水道道路
猪方
岡本
用賀
東名高速道路
駒井町
鎌田
東急田園都市線
多摩川サイクリングロードが再び始まる
多摩堤通り
246
瀬田
宇奈根
多摩川サイクリングロード
A
9 吉澤橋
駒沢大
宿河原
新多摩川橋
瀬田
玉川
しゅくがわら
8 堤防が切れている
上野毛
二子玉川緑地運動場
玉川高島屋
ふたこたまがわ

江戸、そして東京の水にちなんだ道を結んで走る40km

玉川上水・多摩湖“水みち”巡り

江戸の水不足を補うためにできた玉川上水、現在の東京の水がめともいえる多摩湖、そして多摩湖の水を運ぶパイプの上にできたサイクリングロードを、暮らしと水とをキーワードに走ってみよう。

距離　短い 1 | 2 | 3 | 4 | 5 長い
時間　短い 1 | 2 | 3 | 4 | 5 長い
坂道　少ない 1 | 2 | 3 | 4 | 5 多い
自動車　少ない 1 | 2 | 3 | 4 | 5 多い
見所　少ない 1 | 2 | 3 | 4 | 5 多い

コース

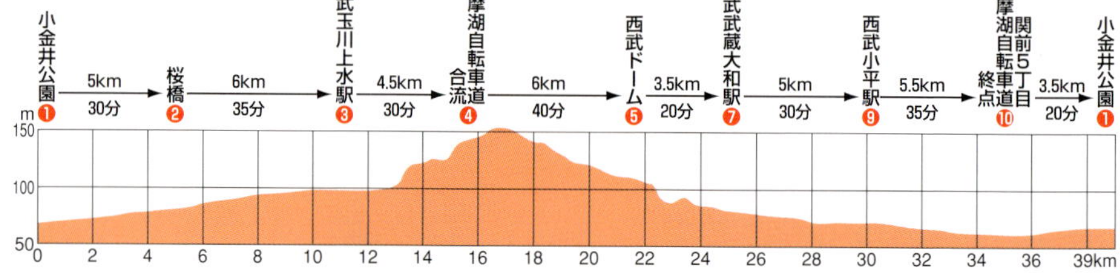

データ

●エリア＝武蔵村山市ほか
●距離＝39km
●時間＝約4時間
●スタート／ゴール＝小金井公園
●最寄駅＝JR武蔵小金井駅
●駐車場＝小金井公園（第3駐車場まである）／24時間営業／2時間まで500円、以降30分ごとに100円／☎042-384-2093

アドバイス

多摩湖自転車道、玉川上水沿いともに、休日は散歩やジョギングの人も多いので、注意が必要だ。

多摩湖自転車道を行く。手軽に走れて自然を満喫できる区間だ

小金井公園内のサイクリングロード用に、レンタサイクルもある。買い物用自転車や補助輪つきの子供用が中心。利用時間＝9:00～17:30（貸出しは16:00まで）、月曜日（祝日の場合は翌日）および12月29日～1月3日休み。利用料金＝補助輪なし自転車1時間200円、以降30分ごとに100円。子供自転車1時間100円、以降30分ごとに50円。問合せ＝☎042-388-3312

小金井公園①には2kmのサイクリングコースがある。また公園内の舗装路は、自転車走行も可能なので、出発前の足慣らしとして最適だ。

小金井公園を出て、玉川上水沿いを西に向かう。この水路は、江戸の人口増加に伴う水不足を解消するために、３代将軍徳川家光が、多摩川の水を引き入れることを計画したもの。その後、４代将軍・家綱の指示により、現在の羽村市に取水堰を設け、そこから新宿・四谷の大木戸門まで約43kmの巨大な水路を造り上げた。工事期間は承応２年（1653）4月から11月までというから、いかに突貫工事であり、時の幕府がどれほどの権力を持っていたかが想像できる。また、玉川上水の全長は43kmだが、その高低差はわずか100m。平均すると100mの流れに対して約25cmしか下っていないという、

非常に緩やかなもの。近代的な測量器具のなかった時代に、それを造り上げた技術は、特筆に価する。

小金井公園を後にして約8.5kmで、西武拝島線と、多摩都市モノレールが交差する玉川上水駅③の前に出る。地下道を通って西武拝島線をくぐり、東大和南公園内を北へ向かう。その後、いちょう通り沿いにさらに北に向かう。青梅街道を横切ると緩やかに登り、サイクリングロードの多摩湖自転車道④に出る。サイクリングロードはクネクネと曲がりながら、多摩湖の北側へと回り込んでいく。

多摩湖橋を渡り、西武ドーム脇⑤を通り抜けると、2kmほどで多摩湖の堰堤となる。工事のため、堰堤下の都立狭山公園内⑥を通り抜ける。やけべ池の西側の道を500mほど南へ向かうと車道に出て左折、150mで西武多摩湖線武蔵大和駅⑦の西側に出る。その交差点から再びサイクリングロードとなる。

最初の1kmほどは交差する道も多く、そのたびにクルマ止めのゲートがある。スピードに乗ったと思ったら、減速をするという繰り返しだが、それも進むにつれて快適になっていく。サイクリングロード沿いは緑も多く、四季折々の花も楽しむことができる。小金井公園のそばを通過するので、そのままゴールしてもいいが、せっかくなので終点の関前5丁目交差点⑩まで足を延ばし、さらに境浄水場を回り込んで、玉川上水沿いを西に向かい、そして小金井公園でゴールを迎えよう。

①小金井公園は面積77haで上野公園の1.4倍の広さ。桜の名所としても知られている。戦後、東宮仮御所として使用されたこともある

玉川上水沿いは緑豊かで気持ちいい。江戸時代の知恵に思いを馳せながら走ってみよう

サイクリングロードが一般道と交差する箇所は、立体交差になっているので、ノンストップで走ることができる

⑤西武ドームを通過する

⑥2kmほどで多摩湖の堰堤となる。ここは平成21年3月まで堰堤の補強工事を行っているので、堰堤上は通過できない。その下の、都立狭山公園内を通り抜ける。やけべ池の西側の道を500mほど南へ向かうと車道に出て、左折し、150mで武蔵大和駅の西側に出る

この道の地下には、大正時代に狭山湖(山口貯水池)、多摩湖(村山貯水池)の水を、境浄水場に送るためのパイプが通っている。今もそれは現役で、それに沿ってサイクリングコースが造られている。小平駅の前後300mほどはサイクリングロードが切れているが、道なりに行けば迷うことはない

境浄水場の北側は、シイの大木が美しい

ちょっと立ち寄りポイント

⑧手打ちうどん「きくや」

冷たい盛うどんを温かいつゆで食べるのが武蔵野うどんのスタイル。人気店のひとつ、きくやでは、L、LLなど、玉の数をLで表して注文する。写真はL肉汁天付550円。東村山消防署そば。

営業時間＝11:00～(通常は13:00ごろに完売)。年中無休
問合せ＝☎042-394-9141

21

玉川上水・多摩湖"水みち"巡り

上の図へ続く
上の図から続く

便利な装備

ウエア

ウエアに求められる機能は3つある。①汗の放出、保温性、②ライディングポジションでの動きやすさ（ペダリングしやすい、前傾姿勢でも腰をしっかりカバーするなど）、③自転車との相性（裾がギアに引っ掛からない、オシリが痛くならないなど）。これらを踏まえて、快適なウエアを選ぼう。

気温が高いとき／バイクパンツにバイクジャージのシルエットに抵抗のある人は、ルーズフィットなものでもよい。肌に触れる部分はアウトドア用のアンダーウエアなども快適

気温が低いとき／分厚いダウンジャケットを着込むよりも、薄手のウエアを数枚、重ね着する方が体温調節をしやすい

バイクパンツのパッド／これがあるとオシリが痛くなりにくい

パンツの裾／右側だけはギアに引っ掛からないよう、バンドなどで留めておこう

レインウエア

街中散歩のときは、雨が降ってきたらショートカットして中止できるが、長距離のサイクリングロードなどではそうもできない場合もある。こんなとき、しっかりとしたレインウエアが有利だ。

雨はシャットアウトするが、体から出る水蒸気は放出するゴアテックスを使用したレインエア。信頼感も非常に高い（モンベル／ゴアテックス・サイクルレインジャケット&パンツ）

プロテクタ

大げさに感じるかも知れないが、スピードが出ていなくとも、転倒して地面に頭をぶつければ、大怪我を負う。自転車のプロテクタ類の代表的なものはヘルメット、グラス、グローブの3つ。快適でファッショナブル。もう使わない理由なんてない。

ヘルメット／厚さ3cm前後の発砲スチロールの外側から、プラスティックのシェルで覆ったもの。重量200g台の半ばあたり(スペシャライズド／S1)
グラス／強い日差しから目を守るだけでなく、ライディング中は風が目にしみるし、ホコリや虫なども飛び込んでくる（アディダス／イーブルアイ・プロSL）
グローブ／長い時間ハンドルを握っていて、手のひらや指にマメができないようにするため。転倒したときにも手のひらを保護してくれる（スペシャライズド／BGコンプ）

グッズ

セーフティライドのためのライトやベル、走りを充実させるサイクルコンピューターなど、そのバリエーションは豊富だ。

セーフティライドのために

ライト／自分自身の存在をアピールする意味も大きい。LEDタイプは、明るく、電池が長持ち（キャットアイ／HL-EL400）

テールライト／これ自体が点滅するので、クルマからの視認性も高い（上・キャットアイ／SL-LD100W、下・TL-LD250）

ベル／道路交通法上、取付けが義務づけられている。だが歩行者に対しては、なるべく声をかけるようにしよう

荷物を運ぶ

デイパック／もっとも一般的なスタイル。自転車の前傾姿勢に合わせて背負いやすいものを選ぶ（キャメルバック／H.A.W.G）

ウエストパック／背中が蒸れにくい、荷物を取り出しやすいなどのメリットがある。デイパックに比べて容量は大きくはない

フロントバッグ／ハンドルバーにアタッチメントを取付る。ワンタッチでバッグ本体の脱着が可能（オーストリッチ／F-261）

楽しく&快適に

サイクルコンピューター／走行速度、最高速度、平均速度、走行距離、積算走行距離の計測や、時計、ストップウォッチなどが基本。高度計、気圧計などがついているタイプもある（シマノ／SC-6502）

ボトル&ケージ／ライディング中はこまめに水分を補給することが大切。これがあれば走りながらでも飲める（スペシャライズド／サイドエントリー、ビッグマウスボトル）

ハートレイトモニタ／胸につけたセンサーで心拍数を計測。これによって走行中の運動強度を測ることができる（スント／メトロン）

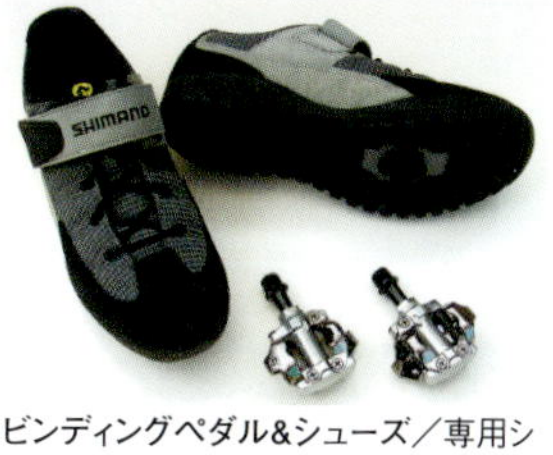

ビンディングペダル&シューズ／専用シューズの裏側に、クリートという金属の爪をつけ、それを機械的にペダルに固定。“踏む”ではなく“回す”というペダリングが可能（シマノ／シューズ・SH-M038、ペダル・PD-M540）

便利な工具

自転車の扱いには工具が必要だ。基本的なものはDIYショップ(ホームセンター)などでも購入できる。ぜひ自分で自転車の手入れをしてみよう。

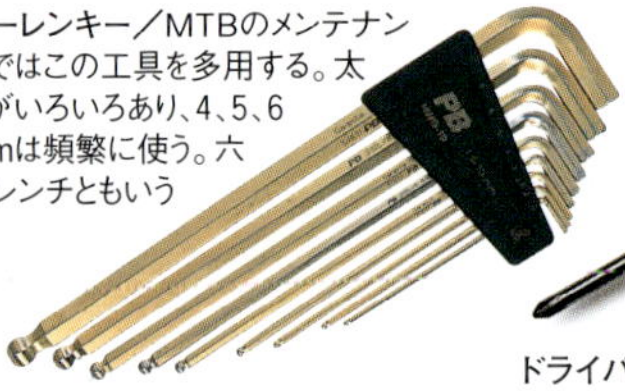

アーレンキー/MTBのメンテナンスではこの工具を多用する。太さがいろいろあり、4、5、6mmは頻繁に使う。六角レンチともいう

ドライバー/ドライバーにはプラスとマイナスがある。先端の部分が、ボルトの大きさに合ったものを使う

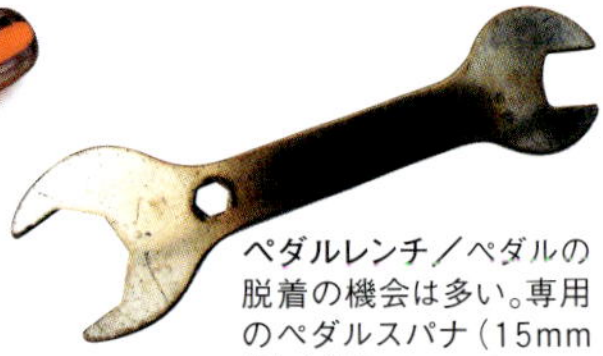

ペダルレンチ/ペダルの脱着の機会は多い。専用のペダルスパナ(15mm幅)を使う。8mmのアーレンキーを使うペダルもある

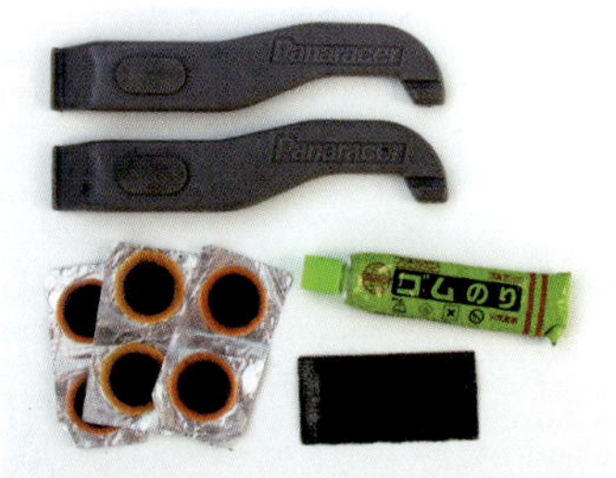

パンク修理キット、タイヤレバー/パッチ、ゴムノリ、サンドペーパーをセットにしたキット。タイヤレバーはタイヤをはめる・外すという作業に必要

マルチツール/アーレンキーやドライバー、チェーンカッターなどをコンパクトにまとめたもの。使い勝手は単体のものに及ばないが、走行時などは便利

バイクスタンド。リアディレイラーの調整などにも使えるスタンド。折畳式は使用しないときにはコンパクトになって便利

オイル/自転車の部品の多くは金属製。互いに擦れ合う部分に塗って、スムーズにすることや、錆を防止するための必需品

ミニポンプ/小さいので走行時の携帯には便利だが、空気を入れるには時間がかかる

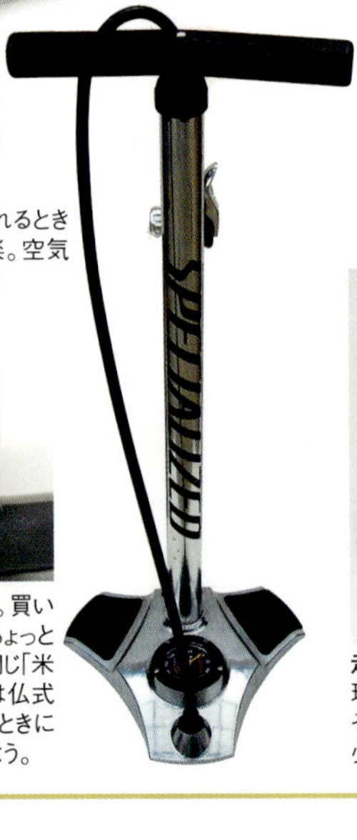

フロアポンプ/空気を入れるときにはフロアポンプが断然楽。空気圧を測るゲージつきが便利

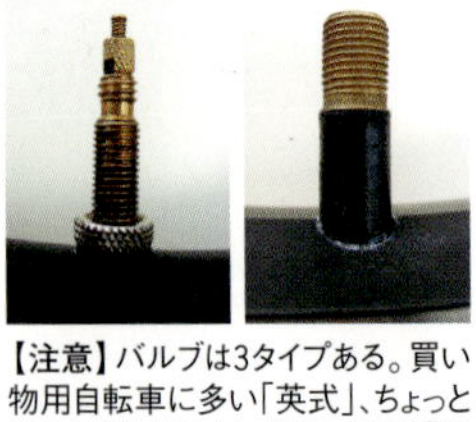

【注意】バルブは3タイプある。買い物用自転車に多い「英式」、ちょっと細めの「仏式」(左)、クルマと同じ「米式」(右)。スポーツサイクルは仏式と米式が多い。ポンプを選ぶときにはバルブの形状もチェックしよう。

走行中の携帯工具/ミニポンプ、スペアチューブ、パンク修理キット、タイヤレバー、アーレンキー(もしくはマルチツール)、そしてワイヤー錠などはぜひ常備しておきたい。パンク修理必要グッズなどは、サドルバッグに入れると便利

自然を満喫 7コース

サイクリングロードを走るときの注意とアドバイス

「自然を満喫」の章では多摩川を始め、多摩川支流、荒川、江戸川など人気のサイクリングロードを紹介している。ただし、サイクリングロードとはいっても、自転車専用道ではなく、歩行者やランナー、家族連れでサイクリングを楽しむ人など多くの人が、さまざまな方法でサイクリングロードを使っているので、常に周辺に気を配って走ろう。

【他の利用者に注意】

ランナーや犬の散歩の人も利用している。互いに気持ちよく利用できるよう、後方から近づくときは、突然真横をすり抜けるのではなく、声をかけて自分の存在を知らせよう。

【クルマ止めのゲート】

場所によってはゲートの幅が1m未満の所もある。ゲートを抜けるときはペダルなどを引っ掛けないよう注意。集団で走るときには、先頭の人はあらかじめ後続に伝えよう。

【アクセス】

サイクリングロードはループ状ではなく一本道。クルマでアクセスする場合には、適当な所で折り返して、往復することになる。輪行(自転車を専用バッグに入れて公共交通機関を利用・46ページ参照)なら、片道も可能になる。

【風向き】

ほとんどのサイクリングロードは、風をさえぎるものがない。輪行であれば風向きを読んで、追い風に乗って走るということもできる!

【コンビニ情報】

本書の地図では、限られた店舗しか紹介していない。インターネットで検索すると、周辺の店舗情報を得られるので、実走する前に調べておくのもよい。

【自転車が故障したとき】

携帯電話(iモードのみ)で、東京都内の自転車店の所在が地図入りで簡単にで検索できるサービスがある。パンクなどのトラブル時に便利。 http://www.panqu.com(東京都自転車商協同組合)。

のどかな里、ニュータウン、そして公園を結んで走る

多摩丘陵・里道巡り

近代的な街並みや整備された緑道やアウトレットモール。
そこから一歩入れば里の風情もたっぷり。
そんな落差がこのエリアの魅力だ。のんびりサイクリングを楽しもう。

項目		1	2	3	4	5	
距離	短い	1	2	3	4	5	長い
時間	短い	1	2	3	4	5	長い
坂道	少ない	1	2	3	4	5	多い
自動車	少ない	1	2	3	4	5	多い
見所	少ない	1	2	3	4	5	多い

コース

野津田公園❶ →（4km・40分）→ 一本杉公園❸ →（2km・10分）→ パルテノン多摩❹ →（2.3km・10分）→ 小田急唐木田駅❻ →（4km・25分）→ ラ・フェット多摩❽ →（2.2km・25分）→ 尾根緑道入口❾ →（4km・30分）→ 尾根緑道終点ふれあい桜館❿ →（4km・40分）→ 野津田公園❶

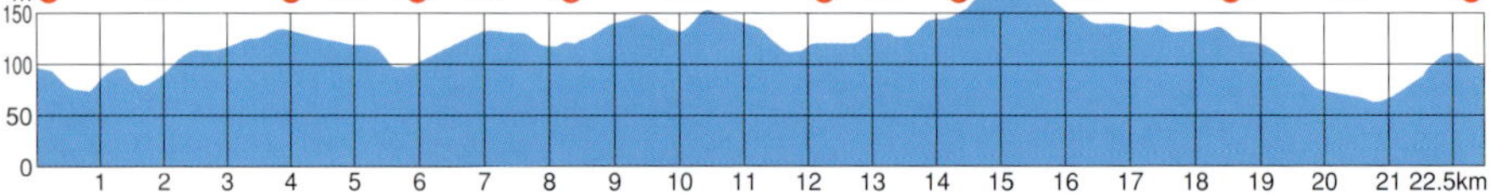

データ

●エリア＝町田市、多摩市、八王子市
●距離＝22.5km
●時間＝約3時間
●スタート／ゴール＝町田市・野津田公園
●最寄駅＝京王相模原線・小田急多摩線多摩センター駅
●駐車場＝野津田公園／6:00～20:00／☎042-736-3131

アドバイス

一帯は丘陵地帯のために、この本で紹介するコースの中で、もっともアップダウンの激しいルートとなっている。ギア付自転車の特性を生かして、軽いギアを使って、ゆっくりと行くことを心がけよう。

⑦長池見附橋は、ドラマのロケ地としてもたびたび使われている

野津田公園①をスタートすると、まず最初に町田市と多摩市の境となる尾根を目指して登ることになる。鎌倉街道を行くのが最も速いが、せっかくなので、別所②の交差点から、昔ながらの道に入ってみよう。表通りからは想像のつかない、のどかな里の風景が広がり、それを眺めながら登ると、その辛さを忘れてしまうだろう。

登りきったら一本杉公園③を抜け、多摩ニュータウン内を下っていく。ここは親子連れの歩行者も多いので、注意して走ろう。

パルテノン多摩④のある、広々とした中央公園を抜け、プロムナード多摩中央の瀟洒な街並み、そして鶴牧東公園、鶴牧西公園と過ぎていく。鶴牧西公園には昔の民家が保存してあるが、その周辺の近代的な街並みを通ってきたあとだと、のどかな里

①緑豊かな野津田公園。陸上競技場などもある

との隣り合わせが不思議な印象を与えてくれる。短い距離で、タイムスリップするかのような雰囲気を楽しもう。

小田急多摩線唐木田駅⑥を通り過ぎ、さらに西へと向かう。煉瓦造り風の長池見附橋⑦を渡り、多摩ニュータウン一帯がいかに巨大かを感じながら、次なる目的地のラ・フェット多摩⑧を目指す。その中を自転車に乗って入ることはできないが、休憩やランチなどには最適だ。

ここから一路、南へと向かう。清水入緑地の中を緩やかに登り、さらに一般道を登ると尾根緑道⑨に出る。文字通り、尾根上を行く気持ちのいい道だ。第二次世界大戦の末期に戦車の走行テスト用に使っていたことから戦車道路といわれていた。富士山などの展望もよく、現在は緑道として散策を楽しめるように、8kmに渡って整備されている。

尾根緑道はふれあい桜館で終点となり、あとは一般道をつないで約4km走り、スタートした野津田公園まで戻る。

尾根緑道も気持ちいいが、それと並行する形で、境川沿いに続くサイクリングロード⑪もお勧め。境川に出るためには、尾根から谷(つまり境川沿い)まで下っていくことになるので、帰りは登り返しがあることを覚悟しておこう。

ちなみにそのサイクリングロードは、京王相模原線と交差する坂本橋から、なんと江ノ島までを結んでいる。多摩丘陵をスタートして、最後に相模湾で大海原を望めば、感動もまたひとしおだ。

②鎌倉街道と平行して登る、のどかな里の道

③一本杉公園から多摩中央公園方面へと下るときは、この一本杉橋を渡る

鶴牧西公園の西側には、かつての多摩地方の民家が、保存されている

④多摩センター駅近くの多摩中央公園は広々とした気持ちのよい空間が広がる

⑨富士山、丹沢などの山々も見渡せる尾根緑道。桜の季節も見ものだ

⑤瀟洒な街並みのプロムナード多摩中央

⑪境川沿いのサイクリングロード。これが江ノ島までつながっているのだ

ちょっと立ち寄りポイント

⑧ラ・フェット多摩

巨大アウトレットモールのここでは、ブランドものからスポーツ、アウトドア、雑貨、スーパーマーケットなど、扱う範囲は多岐に及ぶ。レストランやカフェもあるので、ランチ、あるいはひと休みには最適だ。テーマパークのような雰囲気で、中を散歩するのも楽しい。

営業時間＝10:00～20:00(レストランなどは異なる)／問合せ＝☎0426-70-5777
http://www.lafete-outlet.com/index2.html

22

多摩丘陵・里道巡り

野猿街道
大栗川
堀之内
多摩ニュータウン通り
東中野公
八王子市
松ヶ谷トンネル
柚木街道
松木
けいおうほりのうち
多摩南部地域
島田療育センター
下柚木
京王相模原線
都立大理学部・工学部
蓮正寺公園
府中CC
上柚木
E
京王多摩線
長久保
都立大人文学部・法学部
WC
やまざくら公園入口
瀟洒な家並みが続く
別所
D
からきだ 6
えのきど公園
ラフェット多摩 8
唐木田
みなみおおさわ
駅入口東
別所小
イトーヨーカドー
松木公園
大妻女子大
清掃工場
フレスコ南大沢
7 長池見附橋
コンビニ
東京国際
南大沢
長池公園
尾根幹線道路
清水入緑地
南大沢
橋本へ
南大沢南
別所公園
WC
全労済情報センター
別所小
丸紅
明日見らいふ南大沢
別所小入口
9
神奈川中央交通多摩営業所
カインズホーム
南多摩都市霊園
コストコ
小山長池トンネル
小山町
南多摩斎場
WC
鶴見川
上小山田町
桜美林学園野球場
小山
そうてつローゼン（デパート）
尾根緑道
小山小
小山局前
馬場
小山田桜台
JR相模原駅へ
下小山田町
境川
谷戸池公園
リサイクルセンター
小山田桜台団地
WC
常盤
10 ふれあい桜
米軍相模補給廠
神奈川県
常盤町
町田街道
室内プール
N
小山田トンネル
相模原市
尾根緑道はここまで
上矢部
11 境川サイクリングロード 江ノ島まで境川沿いに続いている
1:30000
0
1km

高幡不動へ
多摩都市モノレール
大塚東公園
愛宕
大塚西公園
たまセンター
調布へ
新百合ヶ丘へ
カリヨン館
サンリオピューロランド
イトーヨーカドー
三越
多摩局
コンビニ
パルテノン多摩④
多摩中央公園
サンピア多摩
落合小
⑤
WC
鶴牧東公園
落合団地
歩行者多い。走行注意
多摩市
落合
豊ヶ丘
貝取
貝取団地
永山
永山高
豊ヶ丘団地
多摩南部地域病院
島田療育センター
小田急多摩線
多摩中央署
三越
多摩局
WC
パルテノン多摩
多摩中央公園
Tama Time
セキチュー
町田日野線
サンピア多摩
からきだ⑥
コンビニ
鶴牧西公園
鶴牧
WC
鶴牧東公園
プロムナード多摩中央
落合
大松台小
メタセコイア通り
0 200m
神奈川県
川崎市
麻生区
ヤマト運輸
南野高
多摩ニュータウン市場
南野
配水場
一本杉公園③
恵泉女学園大
尾根幹線道路
別所
のどかな里の中の道
多摩丘陵病院
②別所
コンビニ
都立大
町田市
小野神社前
セイコー運動場
小野神社
小野路町
鎌倉街道
小野路
鶴川
ラフェット多摩
みなみおおさわ
イトーヨーカドー
駅前局
スタート
ゴール
小野路川
①野津田公園
フレスコ南大沢
コンビニ
柏木小北
柏木小
野津田町
町田日野線
小田急線鶴川駅へ
一本杉橋
尾根幹線道路
南野高
配水場
一本杉公園
WC
野球場
鎌倉街道
②別所
コンビニ
野球場
坂
図師大橋
コンビニ
並木
コンビニ
もみじ公園

23

映画『となりのトトロ』のモデルとなった狭山丘陵でオフロードに挑戦

トトロの森で里山満喫ライド

距離 短い 1 | 2 | 3 | 4 | 5 長い
時間 短い 1 | 2 | 3 | 4 | 5 長い
坂道 少ない 1 | 2 | 3 | 4 | 5 多い
自動車 少ない 1 | 2 | 3 | 4 | 5 多い
見所 少ない 1 | 2 | 3 | 4 | 5 多い

狭山湖の西側に広がる狭山丘陵は、東京都の水源の森として保護されている。その静かな森の中に、オフロード初体験の人でも十分に楽しめる道が続いている。身近にある自然の中の「里山」を楽しんで走ろう。

コース

データ

●エリア＝武蔵村山市、瑞穂町ほか
●距離＝16.8km
●時間＝約2時間10分
●スタート／ゴール＝野山北公園
●最寄駅＝西武狭山線西武球場前駅
●駐車場＝野山北公園／9:00〜16:30／公園管理事務所☎042-531-2325

アドバイス

狭山丘陵の中のオフロードは、クルマも通行可能だ。クルマ1台分ほどの道幅なので、見通しの悪いカーブや、すれ違うときは注意しよう。また、オフロードは比較的水はけが悪く、雨が降ったあとは、水たまりが残っていることも多い。

水源の森だけあってコナラやクヌギなど、さまざまな落葉広葉樹が多い。キツネ、タヌキ、オオタカ、フクロウなども生息している

春先の水たまりでは、トウキョウサンショウウオの卵を見かけることもある

このコースのメインディッシュは、狭山湖の西側に広がる森の中のオフロードだが、その前に素敵な前菜がある。まずは里山世界にタイムスリップするかのように、森の中の自転車専用トンネルを3つ、くぐっていこう。

野山北公園①からスタートして、隣接する温泉施設・かたくりの湯②を右折。南方向に500m進んだ所にある信号の左側に横田トンネルの入口がある。これは昭和初期に、狭山湖の堰堤建設のため、多摩川沿いの羽村から砂利などを運んだ、羽村山口軽便鉄道の線路跡だ。横田トンネルを抜け、赤堀トンネル、御岳トンネルと続く。トンネル内には蛍光灯が灯り、水滴が落ちる音が響く以外は、静寂が漂っている。車道から500mと離れていないのに、一人でいると怖くなってしまうほどだ。

自然を満喫

3つ目の御岳トンネルを抜けて200mほど進むとT字路にぶつかり、そこを左折。正面には赤坂トンネルがあるが、そちらには行かず、その手前をもう一度左折する。ちょうど左手にある番太池③を回り込むような格好で、Uターン気味に西方向へ向かう。番太池が終わった辺りで、再度右折。途中、階段状の所もあるが、300mほど登ると車道、そしてサイクリングロードに合流する。そこから約500m走り、都道55号に合流して左折。500mほど坂を下ると、右手に第一学校給食センター④が見えてくる。緑色のゲートのある建物の東側の道を右折する。

路面はオフロードとなりジグザグに登っていく。左手下方にフィールドアスレチックのコースが見えたら、大きな登りはもうない。途中には小さな枝道があるが、クルマの轍に沿っていけば、迷うことはない。

スタートして4kmほどで六地蔵⑤のある三叉路となり、ここを右折。さらに森の中を約2km行くと六道山公園⑥となる。ここから約500mで5本の道が集まる“出合いの辻”となる。最も右側の道に入り、給水施設の横を通過する。“出合いの辻”からは再び森の中となって、狭山湖の北側の湖畔を進んでいく。

狭山湖が見え隠れすると、道はオンとオフを繰り返しながら、やがて湖の堰堤の北側の駐車場⑦に出る。そこから狭山湖⑧の堰堤を渡り、都道55号に出た所で、多摩湖サイクリングロード⑨に再び合流。約3kmで野山北公園に戻る。

横田トンネルの入口にはシャッターがある。開放時間は4月～9月が7:00～18:00、10月～3月が7:00～17:00

⑤2体の地蔵がひとつの面に刻まれ、それが三方向にある六地蔵

⑥六道山公園の展望台からは、晴れていれば新宿の高層ビル群や富士山も見える

④第一学校給食センター東側の道を右折する。緑のゲートは16:00から翌朝9:30までは閉まっているので、早朝に走りたい人は要注意

⑦狭山湖堰堤北側の駐車場にはコンビニもある

親子連れでも十分に楽しめるマウンテンバイク・フィールド

⑧広々とした狭山湖。都民の主な水源となっている

ちょっと立ち寄りポイント

①村山温泉・かたくりの湯

スタート／ゴールに利用できる野山北公園の駐車場の隣には、温泉がある。走行後にサッパリと汗を流して帰れるのがうれしい。

和風・洋風浴室営業時間＝10:00～23:00（最終受付は22:00）、毎月第3月曜日（祝日の場合は翌日）休み

料金＝800円（市外在住・大人3時間まで）

問合せ＝☎042-520-1026

http://www.city.musashimurayama.tokyo.jp/katakuri/top.html

右の図から続く

右の図へ続く

23 トトロの森で 里山満喫ライド

右上の図へ続く

右上の図

早稲田大学
所沢市
三ヶ島
いきものふれあいの里
（湿生植物の里）
ゲート
右手に狭山湖が
見え隠れする
ここから未舗装路
7
P
WC コンビニ
所沢へ
いきものふれあいの里
根古屋城跡
天気がいいと、
富士山が見える
狭山湖
8
1スタート／
ゴール
P
2
かたくりの湯
4給食センター
武蔵村山市
歴史民俗資料館
七所神社
たまこヒルズ
番太池3
赤坂
トンネル
御岳トンネル
ここから
未舗装路
赤堀トンネル
信号あり
横田トンネル
WC
吉祥院
市役所西
青梅街道
東京都
水道局
ゲート
ユネスコ村
山口観音
（金乗院）
9
多摩湖自転車道
玉湖神社
西武球場前駅へ
道55号線
東京都
多摩湖
に出て右（東）へ約70m
サイクリングロードへ入る
N
1:15000
0
500m

自然を満喫

24

東京でもっともサイクリング人口の多いフィールドを走る

多摩川に沿って

多摩川沿いのサイクリングロードは、羽田空港のそばから、約55km先の羽村まで続いている。横切る道路や鉄道とは立体交差になっていて、長距離をほぼノンストップで走ることができるのは、とても貴重な存在だ。

距離	短い	1	2	3	4	5	長い
時間	短い	1	2	3	4	5	長い
坂道	少ない	1	2	3	4	5	多い
自動車	少ない	1	2	3	4	5	多い
見所	少ない	1	2	3	4	5	多い

コース

弁天橋① → 7.5km 30分 → 多摩川大橋② → 4.5km 20分 → 丸子橋③ → 10.5km 40分 → 登戸④ → 7km 30分 → 稲城大橋⑦ → 5.6km 25分 → 関戸橋⑧ → 5km 20分 → 根川貝殻坂橋⑨ → 5km 15分 → くじら運動公園⑩ → 4.5km 20分 → 睦橋⑪ → 5km 20分 → 羽村⑫

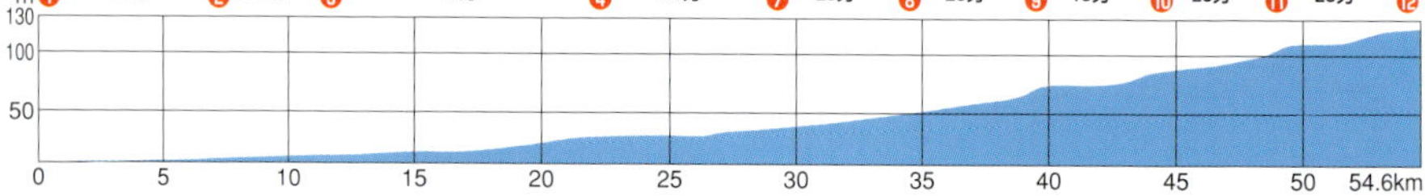

データ

●エリア＝大田区～羽村市
●距離＝54.6km
●時間＝約3時間40分
●スタート＝大田区・弁天橋
●ゴール＝羽村市・羽村取水堰付近
●最寄駅＝京急空港線天空橋駅
●参考ホームページ＝「多摩川サイクリングマップ」
http://www2c.biglobe.ne.jp

アドバイス

このサイクリングロードは、荒川、江戸川と比べて、歩行者、犬の散歩、インラインスケートなども多い。だが、もっとも気をつけなければいけないのが、スピードを出して走っているサイクリングの人だ。互いに気持ちよく楽しめるよう、譲り合おう。

河口から50km近く遡れば、周囲も自然たっぷり。その中を走るサイクリストたち。昭島付近で

大きな道路と交差する場所では、サイクリングロードは立体交差になっている

多摩川の河口は羽田空港の滑走路脇となるが、立入りはできない。河口から出発したい所だが、サイクリングロードの起点の弁天橋①付近をスタート地点としよう。ここは離発着の飛行機が大きく見えて、迫力がある。

六郷水門を過ぎると、川は大きく右に左にと蛇行し始める。それに合わせてハンドルの向きも変わっていくが、道なりに行けば迷うことはない。土手上のサイクリングロードから見ると、左手の河川敷にはグラウンドが続き、週末になると野球やサッカー、ラクロスなど、いろいろなスポーツを楽しんでいる姿を見ることができる。

東海道新幹線をくぐり、約500m先の丸子橋③で神奈川県側へ渡る。東京都側はサイクリングロードが途切れているためだ。神奈川県側を10km走り、登戸④で小田急線の下を通過。その

先約300mにある多摩水道橋をくぐり、Uターンぎみに土手上に登り、多摩水道橋を渡って再び東京都側へ戻る。多摩水道橋から土手上は約400mにわたり砂利道となる。⑤オフロードを避けたい場合には、土手下に沿って続く一般道を走ろう。

多摩川サイクリングロードは、京王相模原線⑥の下をくぐった辺りで、ほぼ中間。さらに橋や鉄道をくぐり、上流へと向かう。サイクリングロードは土手の上を通ることが多いが、鉄道や一般道との交差地点では、河川敷に下りる箇所もある。だが道に迷うことはないので安心だ。

中央自動車道の下をくぐり150mほど進むと、道は荒れた舗装となり、いったんサイクリングロードは終わる。右折して一般道に合流、２つ目の十字路を左折、そのまま道なりに走ってＴ字路にぶつかったら、さらに左折。遊歩道の根川貝殻坂橋⑨を渡り、立川公園に入る。公園内を進み、多摩都市モノレール下をくぐると、多摩川支流の残堀川を渡る。進行方向が下流に向くこともあるが、気にせずに道なりに進み、多摩川の土手沿いを上流に向かう。

ＪＲ八高線⑩の下をくぐり、くじら運動公園を過ぎると、道は雑木林の中の遊歩道のようになり、やがて国道16号の下をくぐる。あとはひたすら川沿いを遡っていけば、人と自転車のみが渡れる、羽村堰下橋となる。この橋で対岸に渡り600mほど走ると、約55kmの多摩川サイクリングロードはゴール⑫となる。

①弁天橋付近にある多摩川と海老取川の合流点には、祠が祭ってある

③丸子橋で神奈川県側へ多摩川を渡り、さらに上流を目指す

⑤時代劇のロケなどにもよく使われる多摩川五本松公園

⑨中央自動車道を過ぎ、一般道でT字路にぶつかった所の左側にある根川貝殻坂橋。この橋を渡り、立川公園へ入っていく

⑩くじら運動公園は、昭和36年に全長16mのクジラの化石が出土したところ。その界隈の多摩川はこのような地層が露出している

⑬江戸時代、4代将軍徳川家綱が、羽村の取水堰と玉川上水を造らせ、江戸の水不足を補った。新宿・四谷までの43kmを、約7カ月の突貫工事で完成させたといわれている

人と自転車のみが渡れる、羽村堰下橋

⑫羽田付近を出発し、55kmのサイクリングロード終点となるのがここだ

ちょっと立ち寄りポイント

④登戸茶屋

小田急線のガードをくぐってすぐに建っているのが通称「登戸茶屋」として親しまれている大黒屋。多摩川沿いを走るサイクリング愛好者に人気。

営業時間＝10:00～18:00／問合せ＝☎044-933-0847

週末には多くのサイクリストで賑わう

羽村市
はむら
ゴール
羽村堰
ふっさ
永田橋
JR五日市線
福生市
睦橋⑪
くまがわ
はいじま
武蔵五日市へ
福生南公園
あきしま
JR青梅線
にしたちかわ
滝山公園
拝島橋
昭島市
くじら運動公園⑩
WC
多摩大橋
JR八高線
JR中央線
立川市
たちかわ
多摩都市モノレール
上北台へ
くにたち
こくぶんじ
新宿へ
⑨立川公園
立日橋
日野橋
八王子IC
ひの
国立府中IC
府中市
きたふちゅう
JR武蔵野線
西武多摩川線
日野市
中央自動車道
たかはたふどう
府中四谷橋
ぶばいがわら
ふちゅう
東京競馬場
京王線
これまさ
稲城IC
とよだ
八王子へ
⑧関戸橋
是政橋
せいせきさくらがおか
みなみたま
多摩市
稲城大橋⑦
いなぎ
多摩川
稲城市
京王相模原
ながやま
多摩センターへ
小田急多摩線
しんゆり
町田へ
青梅へ
G
羽村水上公園
羽東
旧下田家住宅
羽村堰下橋（人道橋）
玉川
川崎
JR青梅線
新奥多摩街道
羽村大橋
玉川上水
F
立川公園⑨
根川貝殻坂橋
突きあたったら左折
20
青柳
車道
サイクリングロードはここでいったん終わる
中央道
E
郷土の森博物館
府中青年の家
総合体育館
府中市郷土の森公園
野球場
テニスコート
休日は人が多いので走行には十分注意が必要

多摩川に沿って

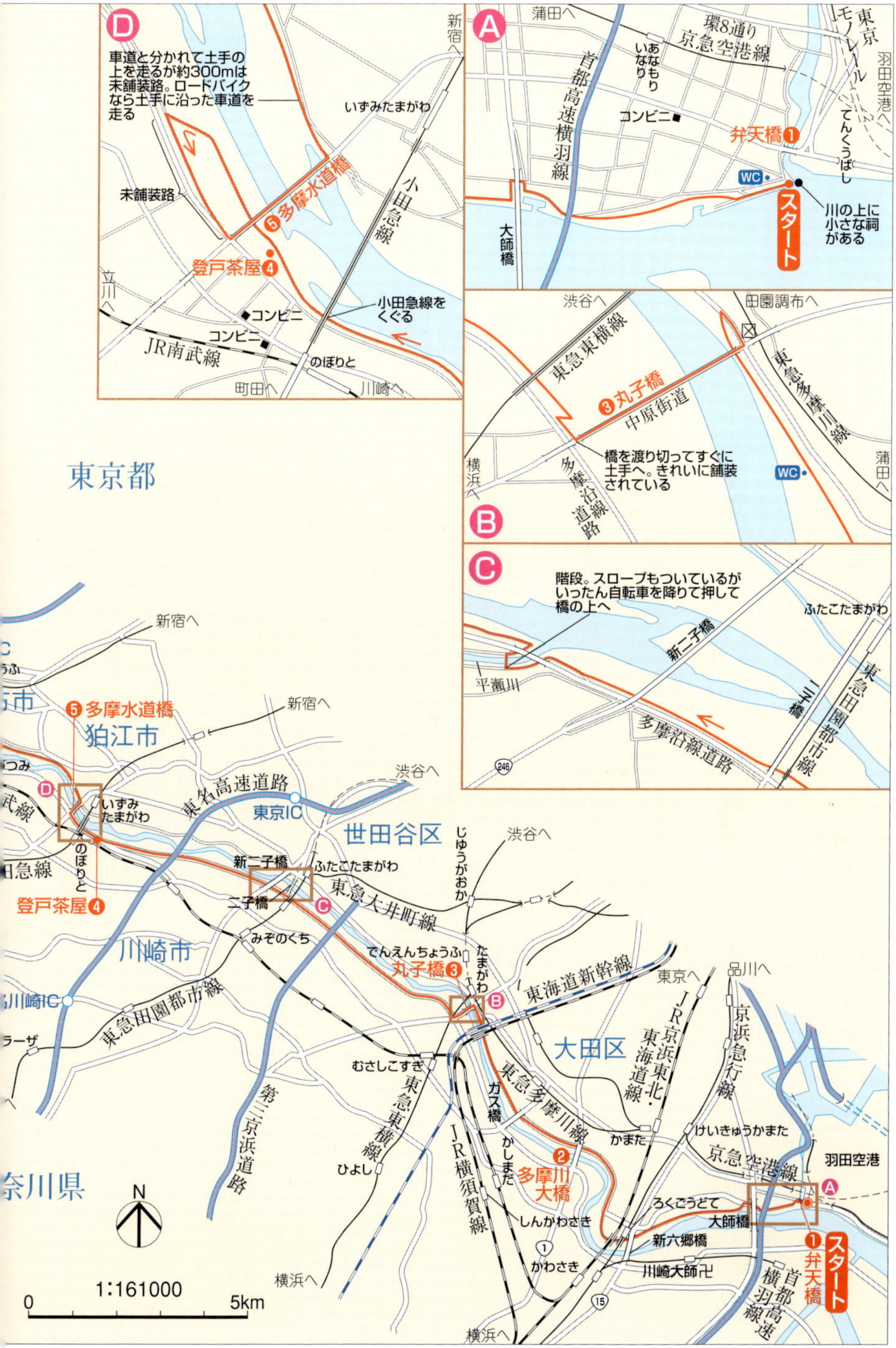
D
車道と分かれて土手の上を走るが約300mは未舗装路。ロードバイクなら土手に沿った車道を走る
未舗装路
5 多摩水道橋
登戸茶屋 4
いずみたまがわ
小田急線
小田急線をくぐる
コンビニ
コンビニ
JR南武線
のぼりと
新宿へ
立川へ
町田へ
川崎へ
A
蒲田へ
環8通り
京急空港線
あなもりいなり
首都高速横羽線
コンビニ
弁天橋 1
東京モノレール
羽田空港へ
てんくうばし
WC
スタート
川の上に小さな祠がある
大師橋
B
渋谷へ
田園調布へ
東急東横線
3 丸子橋
中原街道
東急多摩川線
橋を渡り切ってすぐに土手へ。きれいに舗装されている
WC
横浜へ
多摩沿線道路
蒲田へ
C
階段。スロープもついているがいったん自転車を降りて押して橋の上へ
ふたこたまがわ
新二子橋
平瀬川
二子橋
東急田園都市線
多摩沿線道路
246
東京都
新宿へ
新宿へ
5 多摩水道橋
狛江市
渋谷へ
D
いずみたまがわ
東名高速道路
東京IC
世田谷区
のぼりと
登戸茶屋 4
新二子橋
ふたこたまがわ
二子橋
C
東急大井町線
じゅうがおか
渋谷へ
みぞのくち
川崎市
でんえんちょうふ
丸子橋 3
たまがわ
B
東海道新幹線
東京へ
品川へ
東急田園都市線
大田区
京浜急行線
JR京浜東北・東海道線
むさしこすぎ
東急多摩川線
東急東横線
第三京浜道路
ガス橋
かしまだ
2 多摩川大橋
かまた
けいきゅうかまた
京急空港線
羽田空港
A
ひよし
JR横須賀線
しんかわさき
ろくごうどて
大師橋
新六郷橋
1 弁天橋
スタート
首都高速横羽線
川崎大師
かわさき
1
15
横浜へ
横浜へ
奈川県
N
1:161000
0
5km

25

多摩川、浅川、川口川、秋川と4つの川をつないで走る

多摩川支流周遊

多摩川上流部の支流沿いには、気持ちよく走れる道が多い。
それらをつなぐと、広々とした景色から、
静かな山里の風情まで、バリエーション豊かに楽しめる。

距離	短い	1	2	3	4	5	長い
時間	短い	1	2	3	4	5	長い
坂道	少ない	1	2	3	**4**	**5**	多い
自動車	少ない	1	2	**3**	**4**	**5**	多い
見所	少ない	1	2	**3**	**4**	**5**	多い

コース

福生南公園❶ →(9.4km／40分)→ 立川公園❷ →(5.3km／25分)→ 関戸橋❸ →(2.8km／10分)→ 浅川沿い❹ →(7.7km／30分)→ 長沼橋❺ →(4.5km／20分)→ 暁橋❻ →(5.5km／25分)→ 高尾街道明治橋❽ →(8km／40分)→ 小峰峠❿ →(2.5km／10分)→ JR武蔵五日市駅⓫ →(6km／30分)→ 秋留橋⓬ →(5km／20分)→ 福生南公園❶

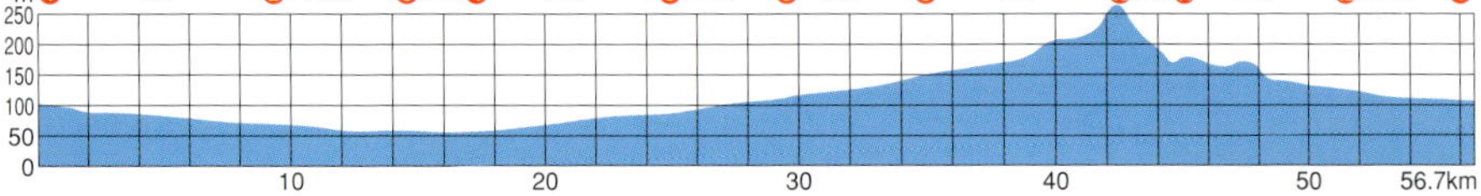

データ

●エリア＝福生市、昭島市、立川市、八王子市ほか
●距離＝56.7km
●時間＝約4時間10分
●スタート／ゴール＝福生南公園
●最寄駅＝JR拝島駅から約1km
●駐車場＝福生南公園駐車場／5:00～20:00(11月～2月は6:00～18:00)／無料／福生市役所☎042-551-1511

アドバイス

浅川、川口川では橋を頻繁に渡って、川の右岸・左岸を行き来する。間違えても問題はないが、注意しておくと、より快適に走れる。なおこのルートは、逆回りの走行でも問題はないが、五日市から小峰トンネルに向かうときに、登っている感じが強くなる。

川口川の上流付近はのどかな風景が広がる

JR武蔵五日市駅近くの秋川は美しい渓谷となって流れている

　このコースは多摩川の支流をつないでぐるっと1周するループコース。走る人によってアクセスのよい所からスタートしよう。参考までに駐車場のある、福生南公園①をスタート／ゴールで、時計回りにたどってみよう。

　スタートは多摩川沿いを下っていく。下りといっても、高度差はほんとんど感じない。ＪＲ中央線をくぐって500ｍほど進むと、Ｕターンする格好で残堀遊歩橋を渡る。道標に従って、そのまま東に向かう。立川公園②の東のはずれで、根川貝殻坂橋という木造りの遊歩道の橋を渡り、すぐ右折すると、そこから約700ｍは一般道となる。右手に水路が見えるので、それを通過した所を右に入り住宅の間を抜けると、正面に中央自動車道の高架が見えてくる。サイクリングロードはこの高架の150ｍほど手前から現れる。そこから

京王線をくぐった先の、関戸橋③までは一本道だ。

関戸橋で多摩川の対岸へ渡ると、そこからは登り勾配となる。ただしこれも、川を遡るように走るという意味で、登っているという感覚はほとんどない。府中四谷橋をくぐると、道は浅川沿いとなる。一番橋で右岸(上流から見て右側)から左岸に渡り、その後は長沼橋⑤までの、すべての橋を行ったり来たりする。なるべくクルマの少ない道を走るためだ。

暁橋⑥で左岸に渡り、川沿いを進むと、川口川沿いとなる。暁橋からはクルマとの共用区間なので、注意が必要だ。川口川も右岸と左岸を行き来しながら、上流へと向かっていくと、道幅1mほどの遊歩道となっていく。多摩川と比べると、川幅も極端に狭くなっている。途中、交通量の多い秋川街道を走る部分もあるが、なるべくのどかな裏道をつなぐことが、安全に楽しむポイントだ。今熊から道は小峰峠⑩を越えて、五日市方面へと下る。

小峰峠からJR武蔵五日市駅⑪までは「こんなに登ってきたのか？」と思うほど下る。オーバースピードには要注意。そこから五日市街道、そして並行する裏道を通って、秋川の渓谷美を楽しみながら進んでいく。平坦になると、道幅1mほどの野趣に富んだ秋川沿いの遊歩道⑫になる。東秋川橋の先、約600mで秋川から離れ、住宅地を抜けると睦橋のたもとに出る。睦橋で多摩川を渡ると、スタートした福生南公園にたどり着く。

①多摩川沿いに広々と続く福生南公園

②立川公園の東に位置する根川貝殻坂橋。ここから約700mは一般道となる

④のんびりと走れる浅川沿いのサイクリングロード

⑦川口川沿いから約1km離れた所にある子安神社。ここの湧き水は絶品

⑨川口川沿いは次第に道が細くなる。こんな木の橋を渡ることも

⑩小峰峠は新しくトンネルができていて、そこを通ると登らずして五日市方面へと下れる。だが、旧道はゲートがあってクルマは入れないので、自転車天国ともいえる。登りといっても、距離にして700mなので、旧道がお薦め

⑫秋川沿いでは、のどかな細い道を楽しめる

ちょっと立ち寄りポイント

⑪山猫亭

JR武蔵五日市駅前にある「紅茶と珈琲の店」。カレーなども美味で、サイクリング愛好者の集まる店として知られている。マスター自身もサイクリストで、周辺のルートについても詳しい。空気入れや簡単なスペアパーツなども常備している。

営業時間＝10:00〜20:00、火曜日休み

問合せ＝☎042-596-6321

http://yamanekotei.main.jp/

25 多摩川支流周遊

青梅IC へ
青梅
羽村市
羽加美
富士見平
JR青梅線
はむら
川崎
圏央道
滝山街道
岩井
大久野
日の出町
平井川
平井
檜原村へ
五日市
⑪山猫亭
むさしいつかいち
むさしますこ
むさしひきだ
日の出IC
あきる野市
ひがしあきる
うしはま
JR五日市線
小中野
戸倉
五日市橋
新秋川橋
網代
小和田
小峰公園
網代温泉
東京五日市CC
G
H
あきる野IC
秋留橋⑫
小川
WC
スタート
ゴール
小峰峠⑩
高月町
福生南公園①
戸吹トンネル
杏林大
谷地川
宮下町
GMG八王子G
上川町
刈寄山 ▲687
山入川
F
秋川街道
この区間、秋川街道を走行。クルマに注意
滝の沢橋
八王子CC
都立滝山公園
丹木
高尾橋
川口町
川口橋
コンビニ
川口小
9
E
⑧明治橋
北浅川
犬目町
楢原町
下犬目橋
清水公園
小津町
上壱分方町
中野町
新清水橋
7
D
要倉山 ▲549
下恩方町
八王子市
叶谷町
川口川橋
陣馬街道
元八王子町
暁橋
大和田橋 河川敷へ
並木町
にしはちおうじ
八王子城跡
武蔵野陵
景信山 ▲727
相模湖ICへ
たかお
はちおうじみなみの
JR横浜線
クルマ止めゲート
⑩小峰峠
小峰公園
クルマ止めゲート
秋川街道
羽生橋
上川口小
コンビニ
三光院
上川橋
関戸橋
大仙寺
川口川
福寿寺
希望の家
帝京八王子高・中

G
いむさし
つかいち
コンビニ
WC
駅前
五日市橋
秋川橋
⑪山猫亭
留原
高尾
新秋川橋
五日市街道
秋川
網代
禅昌寺
弁天橋
山田大橋
東京
サマーランド
引田橋
八雲神社
A
❷立川公園
20
車道
人家の間の砂利道
根川
貝殻坂橋
堤防の上に出る
ここから多摩川
サイクリングロード
が始まる
中央自動車道
H
卍西光寺
東秋留橋
B
浅川
20
大和田橋
大和田橋手前で
河川敷へ下りる
C
❻暁橋
八王子局
浅川
浅川大橋
河川敷へ下りて
橋をくぐる
JR武蔵野線
府中市
きたふちゅう
西武拝島線
むさしすながわ
せいぶたちかわ
日市街道
多摩都市モノレール
小平市
国分寺市
あきしま
JR青梅線
昭和記念公園
なかがみ
ひがしなかがみ
高松町
立川市
昭島市
にしたちかわ
くじら運動公園
たちかわ
くにたち
一橋大
国立市
多摩大橋
WC
小宮町
平町
こみや
❷立川公園
やがわ
やほ
立日橋
WC
日野橋
A
中央自動車道
JR南武線
宇津木町
八王子IC
石川町
ひの
神明
日野市
下田
泉
公園
きたはちおうじ
大和田橋
JR八高線
JR中央本線
浅❹
川
コンビニ
新井橋
一番橋
たかはたふどう
コンビニ
四谷
府中四谷橋
なかがわら
ふばいがわら
ふちゅう
ふちゅうほんまち
コンビニ
郷土の森公園
❸関戸橋
京王百草園
もぐさえん
みなみだいら
京王線
平山橋
❺長沼橋
WC
コンビニ
コンビニ
ひらやまじょうしこうえん
たまどうぶつこうえん
せいせきさくらがおか
みなみたま
新大栗橋
鎌倉街道
滝合橋
春日橋
ながぬま
多摩市
N
1:100000
3km
E
ダート
❾左後ろに木造の橋。
見落としやすい
神明神社
山王橋
堀口橋
駒形橋
D
中央自動車道
子安神社❼
信号あり
中野町住宅
仲田橋
中田遺跡公園
中野北小
スーパーアルプス

26

東京に流れ込む三大河川の中で、最も広々とした風景を満喫

荒川に沿って

荒川沿いのサイクリングロードは、多摩川や江戸川に比べて道幅も広い所が多く、気軽に楽しめるルート。東京湾をスタートして、埼玉県の熊谷まで行くと、約90kmのロングルートとなる。

距離	短い	1	2	3	4	5	長い
時間	短い	1	2	3	4	5	長い
坂道	少ない	1	2	3	4	5	多い
自動車	少ない	1	2	3	4	5	多い
見所	少ない	1	2	3	4	5	多い

コース

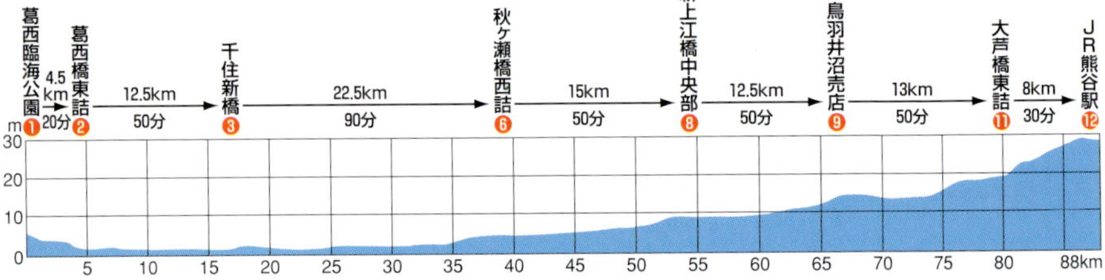

データ

●エリア＝江戸川区～熊谷市
●距離＝88km
●時間＝約5時間40分
●スタート＝江戸川区・葛西臨海公園
●ゴール＝熊谷市・JR熊谷駅
●最寄駅＝JR葛西臨海公園駅
●駐車場＝葛西臨海公園／24時間営業／2時間まで400円。以降30分ごとに100円／☎03-3877-0725
●参考ホームページ＝「ビスタリ　ビスタリ」 http://www1.ocn.ne.jp/~maro3/bistali_101.htm

熊谷が近づいてくると、周囲には建物も少なくなり、大空が広がる

アドバイス

荒川沿いは、多摩川や江戸川と比べて、歩行者、サイクリング愛好者は格段に少ないが、河川敷のコース沿いには、野球やサッカーのグランドが続いている。休日は利用者も多いので、注意。

上流に向かうにつれて周辺には畑が広がる。5月中・下旬の麦畑は見事だ

スタート地点の葛西臨海公園①の中の道を西へ向かうと荒川の河口となり、東京湾が大きく広がる。いよいよそこから約90kmの長旅が始まる。最初は赤く塗られた堤防上の道を行き、河口から約3kmで葛西橋②を通る。葛西橋は上流側を渡ると、右岸（上流から見て右側）に渡ってからが走りやすい。橋を渡ったら、クルマ止めの柵を通り抜け、堤防の内側へと下っていく。荒川沿いのコースは、堤防の中を走ることが多いのが特徴だ。これに対して、多摩川、江戸川は土手の上を走ることが多いので、線路や道路と交差するときにいったん土手の下まで降りることが多い。

葛西橋から埼玉県志木市に位置する秋ヶ瀬橋⑥まで、35kmをひたすら北上する。地図を見なくても迷うことはないが、どの辺りを走っているのかが分か

らなくなるので、橋の名前などをメモしておくと便利だ。

秋ヶ瀬橋⑥を渡り、秋ヶ瀬公園を通り過ぎ、次の羽根倉橋の東詰から、土手上のサイクリングロードを走る。途中、東京健保組合運動場⑦を回り込むように走る。

新上江橋(国道16号)⑧はすべて渡り切るのではなく、途中で橋から離れて、入間川と荒川に挟まれたサイクリングロードに入る。両側に川が流れる不思議な風景が広がる。

入間大橋を通過すると、サイクリングロードは荒川の流れから、場所によっては1kmほど離れることもある。そのことからも荒川の流域の大きさを知ることができる。辺り一帯は麦畑が多く、５月下旬になると、麦秋といって黄金色に輝く麦の穂が、見渡す限り続く風景となる。

吉見町に入ると、サイクリングロードは文覚川の土手上となる。約2kmの桜堤⑩が続き、４月上旬は桜のトンネルとなる。ただし、そのころは歩行者も多いので、走るなら早朝限定だろう。夏の葉桜も、木陰を提供してくれてありがたい。

大芦橋⑪まで来ると、赤城山などの、都内からはほとんど見えなかった北関東の山々も、かなり間近に見えてくる。ここを左折するとサイクリングロード沿いに森林公園まで行けるが、実質上は歩道と同じようなものなので、そこはパス。大芦橋を渡り、荒川の左岸に出る。川に沿って土手上を約8km進み、最後に一般道をつなぐと、ゴールのＪＲ熊谷駅⑫となる。

①江戸川と荒川の河口に挟まれた所に広がる葛西臨海公園

⑥外環道、JR武蔵野線をくぐると見えてくるのが秋ヶ瀬橋。この橋で、左岸に渡る

②葛西橋までは、赤く塗られた堤防上の道を行く

秋ヶ瀬公園にはのんびりと昼寝したくなるような芝生が広がっている

荒川を挟んで対岸には、東京の摩天楼がそびえている

⑨サイクリングロードを北上していくと、左手に見えてくるのが「鳥羽井沼売店・ヤジマ」。荒川沿いを走るサイクリング愛好者の休憩場所として有名なスポットで、情報交換や交流の場として人気。焼きそばやおでん、カップラーメンなどの簡単な食事ができる。営業時間＝7:30～日没(冬期は8:30～)問合せ＝☎049-297-2150

⑤かつての荒川の水は今の隅田川を流れていたが、水害多発のため昭和6年に新たに荒川放水路(現在の荒川)を開削。その境目となっているのが、この岩淵水門だ

ちょっと立ち寄りポイント

④あらかわ福祉体験広場

ぜひ一度体験しておきたい車いすでの坂道の上り

街中にあるスロープや段差など河川敷に再現し、車いす体験ができるようになっている。車いすに乗る機会のない人は、一度体験してみることをぜひお薦めする。扇大橋の下流側にあり、誰でも利用できる。

利用時間＝9:30～17:00、12月29日～1月3日は利用不可、月～金曜日は要電話予約。土・日・祝日は予約不要。広場内の管理人に直接申し込む。問合せ＝国土交通省荒川下流河川事務所／☎03-3902-3220／http://www.ara.or.jp/arage/fukushi/002.htm#03

26 荒川に沿って

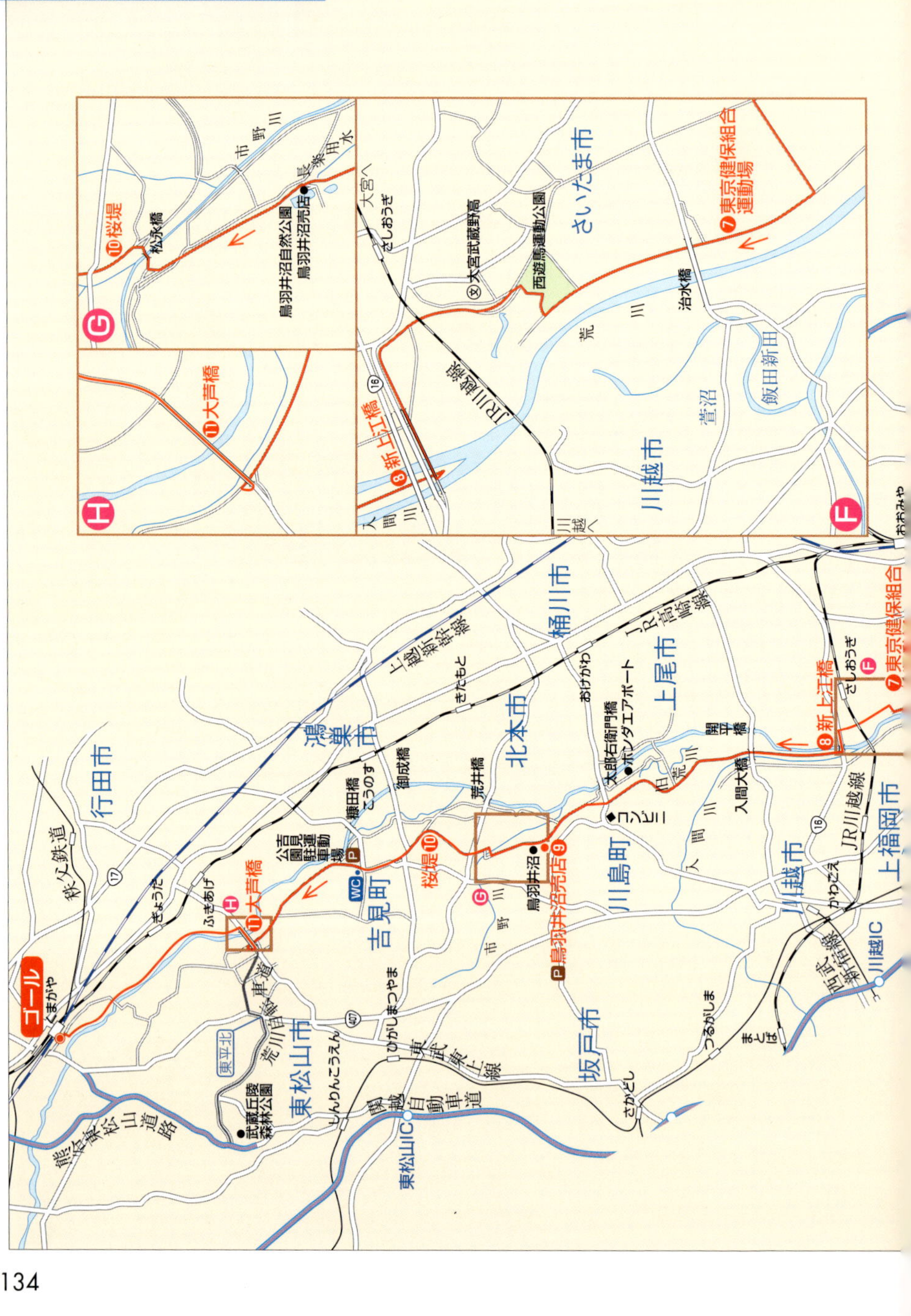

ゴール
くまがや
行田市
秩父鉄道
熊谷東松山道路
東松山市
武蔵丘陵森林公園
東平北
荒川自転車道
吉見町
吉見運動公園駐車場
WC
H
⓫大芦橋
G
⓾桜堤
鳥羽井沼
⓽鳥羽井沼売店
糠田橋
こうのす
御成橋
荒井橋
鴻巣市
北本市
桶川市
上尾市
川島町
坂戸市
川越市
上福岡市
コンビニ
太郎右衛門橋
ホンダエアポート
開平橋
入間大橋
入間川
市野川
荒川
⓼新上江橋
⓻東京健保組合
F
JR川越線
JR高崎線
上越新幹線
東武東上線
関越自動車道
東松山IC
川越IC
西武新宿線
ふきあげ
ぎょうだ
きたもと
おけがわ
さしおうぎ
かわごえ
まとば
つるがしま
さかど
ひがしまつやま
しんりんこうえん
おおみや
⓾桜堤
松永橋
鳥羽井沼自然公園
鳥羽井沼売店
長楽用水
市野川
⓫大芦橋
さいたま市
⓻東京健保組合運動場
西遊馬運動公園
大宮武蔵野高
大宮へ
川越へ
治水橋
荒川
飯田新田
菅沼
川越市
JR川越線
⓼新上江橋
入間川

スタート
1 かさいりんかいこうえん
葛西臨海公園
コンビニ
JR京葉線
2 葛西橋
江東区
首都高速7号線
JR総武線
小松川橋
平井大橋
にしかさい
うらやす
葛飾区
JR常磐線
かなまち
四ツ木橋
千住大橋 3
西新井橋
足立区
荒川区
4 扇大橋
草加市
そうか
鹿浜橋
5 新荒川大橋
北区
文京区
新宿区
川口市
川口西IC
東北自動車道
板橋区
練馬区
和光市
練馬IC
西武池袋線
西武新宿線
JR中央線
東京外環自動車道
笹目橋
戸田橋
朝霞市
志木市
秋ケ瀬橋 6
JR武蔵野線
川越街道
1:238000
0
500m
N
首都高速湾岸線
下水処理場
大観覧車
葛西臨海水族園
自転車を押して葛西橋に上り、橋の上流側の歩道を渡る
首都高速中央環状線
荒川
中川
この区間約200mは一般道を走る
首都高速向島線
隅田水門
堀切橋
ほりきり
東武伊勢崎線
さいたま市
浦和GC
さくら草公園
秋ケ瀬公園
岩淵水門
隅田川

27

東京湾を出発し、江戸川と利根川の合流点を目指して走る

江戸川に沿って

江戸川沿いは、多摩川、荒川と並んで、東京湾を基点に走れるロングルートのひとつ。東京都と埼玉県側を走って、最後に千葉県野田市の関宿城を目指そう。

距離	短い	1	2	3	4	5 長い
時間	短い	1	2	3	4	5 長い
坂道	少ない	1	2	3	4	5 多い
自動車	少ない	1	2	3	4	5 多い
見所	少ない	1	2	3	4	5 多い

コース

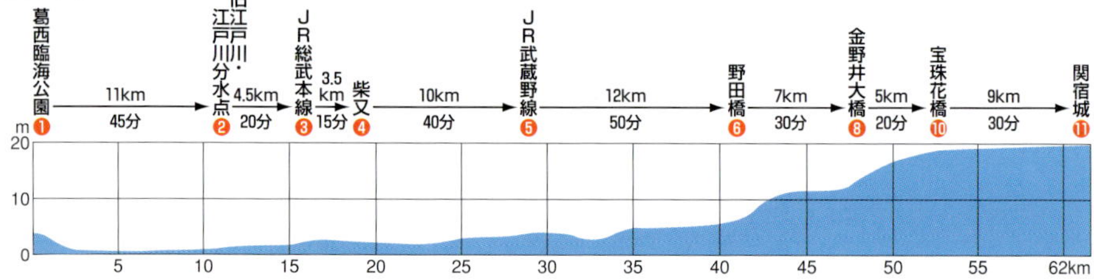

データ

●エリア＝江戸川区〜野田市
●距離＝62km
●時間＝約4時間10分
●スタート＝江戸川区・葛西臨海公園
●ゴール＝野田市・関宿城
●最寄駅＝JR葛西臨海公園駅
●駐車場＝葛西臨海公園駐車場／24時間営業／2時間まで400円。以降30分ごとに100円／☎03-3877-0725

アドバイス

埼玉県側の野田橋⑥は、橋の前後、それぞれ約300mずつサイクリングロードができていない。また路肩もかなり狭いので、クルマなどに細心の注意を払って通行しよう。その手前の玉葉橋で千葉県側に渡っておく方法もある。ゴールした後、輪行で戻る場合、関宿城からは東武日光線幸手駅が最寄駅（約9km）になる。また、境大橋で利根川を渡り、利根渡良瀬自転車道を走行し、古河市の利根川橋を渡ってJR宇都宮線・東武日光線の栗橋駅へ行くと、関宿からほとんどサイクリングロードを通っていくことができる（約13km）。

北に向かうにつれて、景色はさらに広々とする

スタートは荒川沿いと同じ葛西臨海公園①。ここを東に向かうと江戸川の河口となる。出発前に公園内を、軽く自転車で散策するのも楽しい。江戸川の河口からは、対岸に東京ディズニーランドも見える。

公園を後に、約60kmかけて千葉県が細長く出っ張った、野田市の関宿城に向かう。最初は江戸川と住宅地に挟まれた狭い堤防の上を行く。見晴らしも格別というほどでもなく、サイクリングロードというよりも、歩道という感じの箇所もある。また、場所によっては道幅も狭く、自転車同士がすれ違うのがやっと、という所もあるので気をつけよう。

厳密にいうと走っているのは旧江戸川沿いである。この川は昔から洪水を引き起こすことが多かったので、江戸川放水路（今の江戸川）を開削し、大正９年に

完成した。旧江戸川と江戸川の分水点②が江戸川区篠崎町の辺りで、葛西臨海公園から約11km。ここまで来ると、遠くまで見渡せて、河川敷も広々となる。

京葉道路の下をくぐり、さらにＪＲ総武本線③、京成本線などをくぐっていく。北総・公団線を通過し、800ｍほど進むと柴又④となる。柴又帝釈天、葛飾柴又寅さん記念館、矢切の渡しなどの観光ポイントが集中しているので、土日ともなるとサイクリングロード上も観光客でいっぱいのことが多い。そんなときは迷わず自転車を押していこう。

柴又を過ぎ、約3km行くと、埼玉県に入る。ＪＲ武蔵野線⑤、そして常磐自動車道を過ぎると、さらに景色は広々となる。サイクリングロードは土手上を通っていることが多いが、主要道路の橋や線路と交差するときには、河川敷に下りるようにできている。その場合、サイクリングロードは、橋の下流側ではジクザグに河川敷に下り、橋をくぐって、橋の上流側では土手の斜面をストレートに上がっていくことが多い。

国道16号の金野井大橋⑧を過ぎたら、次の宝珠花橋⑩で千葉県側に渡っておこう。もうひとつ上流の関宿橋でも渡れるが、宝珠花橋は信号があるのでより安全だ。ここまで上流に来ると、天気がよければ右手には筑波山、正面には日光の男体山などが見えてくる。やがてサイクリングロードの正面に、白く輝く関宿城⑪が見えてくれば、ゴールまではもうわずかだ。

①スタートは荒川と江戸川の河口に挟まれた葛西臨海公園

道路や鉄道と交差する所では、写真のようにザグザグに河川敷に下りる

旧江戸川沿いは、道幅はそれほど広くはない

⑨対岸(千葉県側)にはグライダーの滑空場がある。日曜には離着陸を見ることができる

②江戸川放水路と合流すると、視界は一気に広がる

⑪ゴール地点の関宿城。江戸川と利根川の分水点でもあり、ことさら大きな風景が広がっている。千葉県立関宿城博物館＝河川改修や水運の歴史を紹介しながら、流域の人々と川との関わりについての資料を展示。天守閣部分はかつての関宿城を古い記録に基づいて忠実に再現したもの。利用時間＝9:00～16:30、月曜日(祝日の場合は次の日)および年末年始休み。利用料金＝200円。問合せ＝☎04-7196-1400

④サイクリングロードに面した柴又公園の下は、葛飾柴又寅さん記念館になっている。週末は観光客が多いので要注意

ちょっと立ち寄りポイント

⑦シンザカヤ

ホームページは江戸川サイクリングロードの情報が豊富

酒屋ではあるが、レンタサイクル(MTB6台、ロードバイク2台、1日1000円)や、スペアチューブ、サドル、サプリメント、その他カップラーメンやパン、スナック類、生ビールなどの量り売りもある。クルマ10台分の無料駐車場も用意。

開店時間＝8:30～20:30、月曜日休み

問合せ＝☎048-746-2951

http://village.infoweb.ne.jp/%7Efwiv4127/index.htm

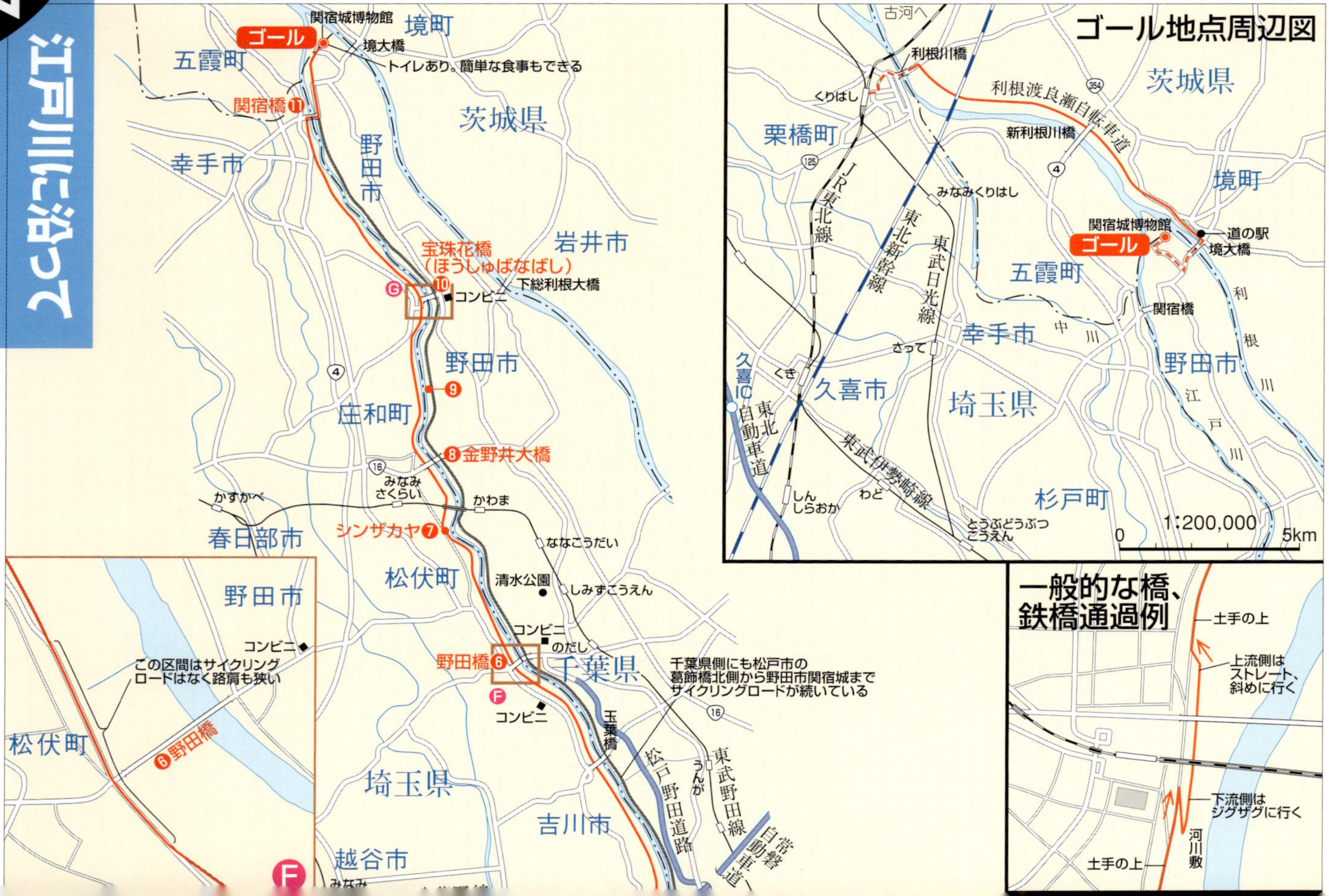

ゴール
関宿城博物館
境大橋
トイレあり。簡単な食事もできる
境町
五霞町
関宿橋⑪
茨城県
幸手市
野田市
岩井市
宝珠花橋（ほうしゅばなばし）⑩
下総利根大橋
コンビニ
G
野田市
⑨
庄和町
⑧金野井大橋
みなみさくらい
かすかべ
かわま
春日部市
シンザカヤ⑦
ななこうだい
松伏町
清水公園
しみずこうえん
コンビニ
のだし
野田橋⑥
千葉県
F
コンビニ
千葉県側にも松戸市の葛飾橋北側から野田市関宿城までサイクリングロードが続いている
玉葉橋
松戸野田道路
うんが
東武野田線
常磐自動車道
埼玉県
吉川市
越谷市
みなみ
野田市
コンビニ
この区間はサイクリングロードはなく路肩も狭い
松伏町
⑥野田橋
F
ゴール地点周辺図
古河へ
利根川橋
くりはし
利根渡良瀬自転車道
茨城県
栗橋町
新利根川橋
境町
みなみくりはし
JR東北線
東北新幹線
東武日光線
関宿城博物館
ゴール
道の駅
境大橋
五霞町
関宿橋
利根川
幸手市
中川
さって
野田市
江戸川
久喜IC
東北自動車道
くき
久喜市
埼玉県
東武伊勢崎線
しんしらおか
わど
杉戸町
とうぶどうぶつこうえん
1:200,000
0
5km
一般的な橋、鉄橋通過例
土手の上
上流側はストレート、斜めに行く
下流側はジグザグに行く
河川敷
土手の上

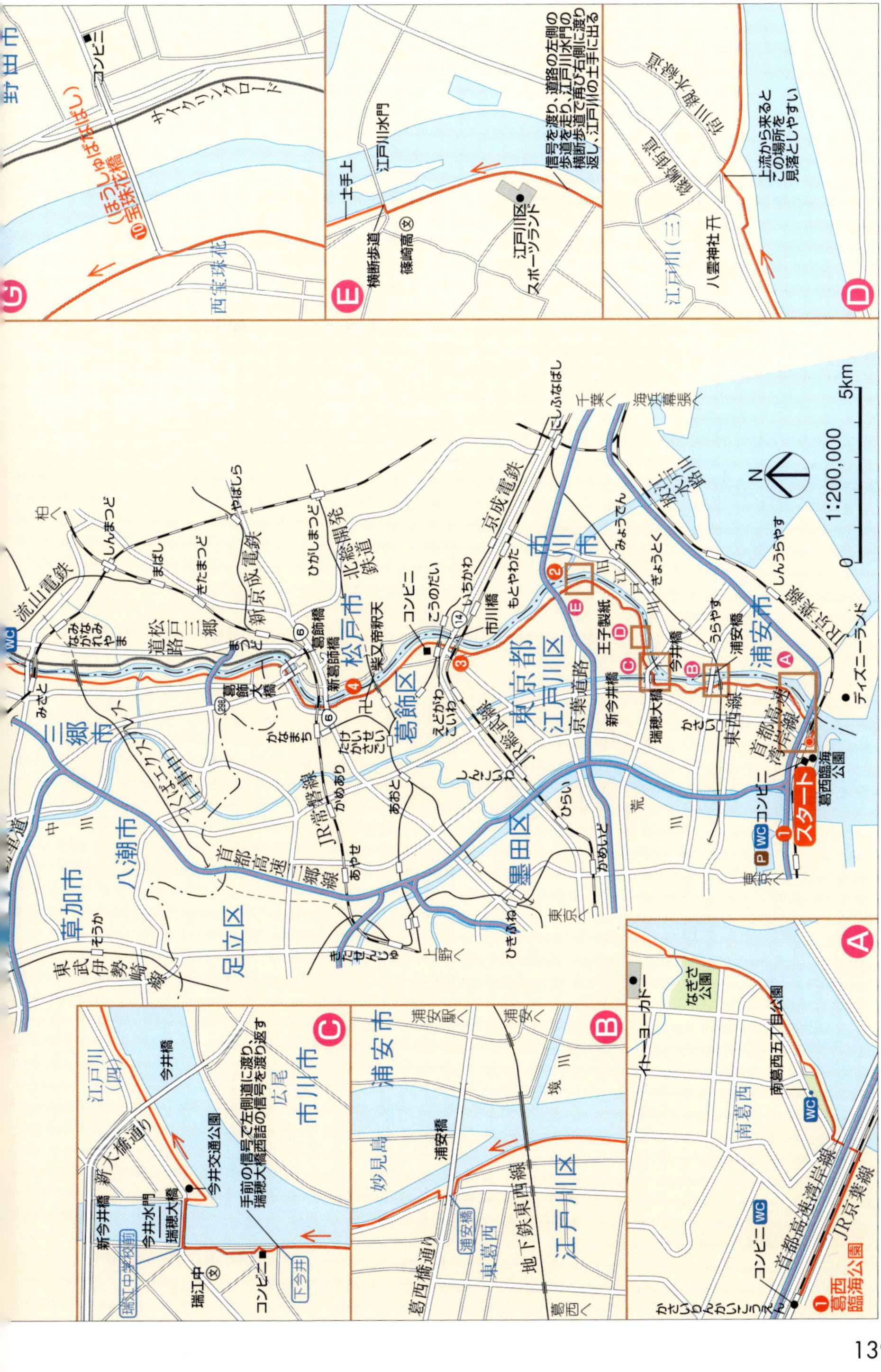
野田市
⑩宝珠花橋（ほうしゅばなばし）
サイクリングロード
コンビニ
西宝珠花
土手上
江戸川水門
横断歩道
篠崎高
江戸川区スポーツランド
信号を渡り、道路の左側の歩道を走り、江戸川水門の横断歩道で再び右側に渡り返し、江戸川の土手に出る
八雲神社
上流から来るとこの場所を見落としやすい
流山電鉄
柏へ
草加市
八潮市
三郷市
足立区
葛飾区
松戸市
市川市
東京都江戸川区
墨田区
浦安市
京成電鉄
新京成電鉄
北総開発鉄道
JR常磐線
東武伊勢崎線
京葉道路
東西線
首都高湾岸線
JR京葉線
荒川
中川
柴又帝釈天
葛飾橋
新葛飾橋
市川橋
新今井橋
今井橋
瑞穂大橋
浦安橋
王子製紙
ディズニーランド
スタート
葛西臨海公園
コンビニ
東京へ
上野へ
千葉へ
幕張へ
N
1:200,000
5km
①葛西臨海公園
南葛西五丁目公園
なぎさ公園
イトーヨーカドー
南葛西
首都高速湾岸線
JR京葉線
浦安市
江戸川区
地下鉄東西線
浦安橋
妙見島
東葛西
葛西橋通り
境川
浦安駅へ
市川市
広尾
江戸川（四）
今井橋
新大橋通り
今井交通公園
新今井橋
今井水門
瑞穂大橋
瑞江中学校前
瑞江中
下今井
手前の信号で左側道に渡り、瑞穂大橋西詰の信号を渡り返す

28

椿のトンネルや、大海原に吸い込まれるような開放感が魅力

伊豆大島一周

伊豆大島は山手線内と同じくらいの面積で、1周は約50km。最高標高地点は約350mとチャレンジしがいのあるコースだ。景色のよさ、クルマの少なさ、温泉、海の幸と、魅力いっぱいだ。

距離	短い	1	2	3	4	5	長い
時間	短い	1	2	3	4	**5**	長い
坂道	少ない	1	2	3	4	5	多い
自動車	少ない	1	2	**3**	**4**	**5**	多い
見所	少ない	1	2	3	4	**5**	多い

コース

データ

●エリア＝大島町
●距離＝48km
●時間＝約4時間20分
●スタート／ゴール＝元町港
●最寄駅＝（竹芝桟橋）ゆりかもめ竹芝駅、JR浜松町駅

大島へのアクセス

東京・竹芝桟橋〜大島（大型客船）＝所要時間は約5〜6時間。片道料金3810円（2等）。横浜寄航便もあり。自転車を完成車のまま乗せることも可能。ジェットフォイルの所要時間は1時間45分。片道料金6200円。自転車の持ち込みは輪行バッグに収納された状態で1便につき10台まで。予め電話確認を。問合せ＝☎03-5472-9009／http://www.tokaikisen.co.jp/
竹芝桟橋には利用できる駐車場はない。最寄りの駐車場は世界貿易センタービルディング地下駐車場。問合せ＝☎03-3435-3766

東京・竹芝桟橋から伊豆大島までを1時間45分で結ぶジェットフォイル

⑩海沿いの遊歩道を走る。大海原にに吸い込まれそうな気分爽快な道だ

伊豆大島は想像するよりも、はるかに近い。もっと気軽に訪れていい島だ。実は伊豆半島先端の石廊崎の方が、大島よりも南に位置している。それでも大島に行くと、島独特の風情が溢れ、遠くに行ったという気にさせてくれる。

船が到着・出航する港は島の西岸の元町か、北東の岡田のどちらかで、その日の風向きによって決まる。夜行の大型客船が到着するのは岡田が多いが、大型客船の出航と、ジェットフォイルの到着、出航は元町が多い。ここでは元町をベースに、大島を一周するルートを紹介しよう。

元町①の港を後に、海沿いを北上すると長根浜公園②となり、その一画に浜の湯という露天風呂がある。公園内にはゴジラの石像もある。ゴジラは大島最高峰三原山の噴火口から出現したことにちなんでいるのだ。その

先から、サンセットパームラインという海沿いのサイクリングロードが約5km続いている。最初のハイライトだ。サイクリングロード終点の野田浜③からは、海沿いを離れ、空港の下をくぐって大島一周道路に向かう。一周道路から岡田港へ降りる分岐⑤を過ぎると、新しくできたトンネルと、橋が連続する区間になる。ここはぜひ旧道に行ってみよう。クルマも少ない自転車天国である。

泉津⑥で椿のトンネルを過ぎ、大島公園⑦を過ぎると、道は標高350mまでジワジワと高度を上げる。椿やシイなどの照葉樹の葉が、太陽の光にきらめく、とても美しい区間だ。

大島公園から3kmほど登ると、やがて道は緩やかなアップダウンとなる。左手には海が開け、右手には黒々とした砂漠地帯の末端が見えてくる。これで大島一周の難関はクリアしたことになる。波浮の港へ向けての下りは、オーバースピードに要注意。途中、筆島の展望台⑨の脇からは、コンクリートの階段があり、自転車を担いで下りれば海沿いの遊歩道⑩に出る。コンクリート舗装で砂が溜まっている箇所が所々にあるが、基本的にはロードバイクでも問題ない。距離は1kmほどだが、大海原に吸い込まれるような気持ちよさだ。

波浮⑪から元町までは、一周道路の中で最も交通量の多い区間。とはいってもちらほらと通る程度で、走りを楽しむには何の問題もない。そこを過ぎてアップダウンを繰り返していくと、元町に到着する。

島の北東側に続くサンセットパームライン

大島公園から先の上りの区間は、椿やシイなどの木々がとても美しい

⑨キリスト教が禁止されていた江戸時代に、流刑になった信者を偲んで建てられたともいわれるオタイネの碑

⑪波浮の港のそばには、昔ながらの街並みが残っている

アドバイス

島を回るときは時計回りが基本。日本は自転車が左側通行なので、時計回りならより海側をよく走れて気持ちいいからだ。大島元町の観光案内所では、荷物預かりのサービスもやっている。利用時間＝8:30〜16:00。預かり料＝1個300円。問合せ＝☎04992-2-2177。大島公園から波浮までの間は無人地帯。食べ物の買出しできる店やトイレはない。

⑫間伏の1kmほど先の道路脇は、巨大バームクーヘンのような地層断面横を走る

②元町港近くの温泉「浜の湯」。男女混浴のため水着着用（無料貸し出しあり）。内湯なし。湯上がり用シャワーのみ。営業時間＝13:00〜19:00、年中無休（天候により休業・時間短縮もある）。利用料金＝大人400円。問合せ＝☎04992-2-2870。200m離れた所にはサウナ等を完備した、愛らんどセンター御神火温泉もある

ちょっと立ち寄りポイント

④朝海館

岡田にある朝海館は、サイクリング愛好者が集まるな宿として知る人ぞ知る。自転車保管スペース、レンタサイクル（マウンテンバイク）もあり、また走行ルートなどの相談にも乗ってくれる。食事内容も予算によってオーダーすることもできる。問合せ＝☎04992-2-8344

朝海館で特別に頼んだ島料理の数々。おいしい海の幸がいっぱい。これも島を訪れる楽しさ

28 伊豆大島一周

B
大島一周道路
旧道通行可
秋の浜
ゲート
上人の滝
WC
七間沢トンネル
川の道トンネル
八幡神社
N
0
500m
照葉樹の美しい森の中を登る
7 大島公園
動物園
行者窟
海のふるさと村
大島一周道路
桜株
海浜植物群落
海岸遊歩道
椿トンネル
泉津学校前
波治加麻神社
6 泉津
万根岬
三原神社
泉津
あじさいロード中央
あじさいレインボーライン
新郷開拓
秋の浜
上人の滝
5 岡田入口
岡田
八幡神社
日の出浜
黒潮開拓
三原山温泉
三原山登山道路
富士見展望台
岡田港
朝海館 4
岡田郵便局前
大島球場
北部診療所前
商店
椿並木
大丸山 331
山腹噴火口（下）
昭和61年溶岩流
山腹割れ目火口跡
割れ目噴火口跡
大島測候所
リス村
小口岬
大島灯台
風早崎
小堀
町営牧場・ぶらっとハウス
神達窯
大島郷土芸能館
地の岡
溶岩流末端
大島町
碁石浜
新開
大島空港
入口飛行場
郷土資料館入口
乳ヶ崎
野田浜 3
三ツ峰 43
三峰神社
北の山
サンセットパームライン
大島町郷土資料館
愛宕山 119
大島高
高校前
東京都大島支庁
大島支庁前
御神火温泉
源為朝の館跡
吉谷神社
はれ・らめーる入口
馬の背
赤禿
泉浜
左手に海が広がる
A
長根岬
長根浜公園 2
スタート ゴール
元町 1
元町港

8 大島大砂漠
フノウの滝
黒崎
筆島
筆島海岸
9 筆島
10 遊歩道
カキハラ磯
セミナー入口
垣原
都立セミナーハウス
展望台脇の階段を下る
長い下り。オーバースピードに注意
瀧泉寺
踊子の里資料館
波浮の港歌碑
龍王崎
波浮港
波浮比咩命神社
波浮見晴台
11 波浮港
クダッチ
商店
トウシキキャンプ場
トウシキの鼻
南高校前
差木地南口
差木地中央
林甫寺
差木地
春日神社
岳ノ平 231
差木地入口
神の根
大島航空標識所
二子山 619
白石山 736
大砂漠
裏砂漠
櫛形山 670
剣ガ峰 749
三原山
火口展望台
三原新山 764
火口周回遊歩道
山頂遊歩道
表砂漠
三原山展望台
木星号慰霊碑
間伏
二つ根
12 地層切断面
砂の浜
地層断面前
伊豆諸島展望台
千波
千波崎
龍の口遺跡
慈眼寺
七人様
大宮神社
野増
前浜
玉の浜
N
1:58500
0
2km
A
長根岬
愛らんどセンター御神火温泉
野田浜へ
長根浜公園
源為朝の墓
浜の湯
N
0
100m

ブック・デザイン＝松澤政昭
地図製作＝株式会社 千秋社
表紙写真＝丹羽隆志、中村 規
イラストレーション＝山本一平
編集・取材協力＝原 康夫
協賛＝株式会社シマノ

この地図の作成にあたっては、国土地理院長の承認を得て、同院発行の20万分1地勢図、5万分1地形図、2万5千分1地形図、および1万1地形図を使用したものである。（承認番号　平15関使、第199号）

●写真協力（ブランド名・取扱い社名・問合せ先）
アディダス＝マスターズ・アイプロテクション・ジャパン☎03-5817-3501
R&M＝ミズタニ自転車☎03-3840-2151
ブリヂストン・アンカー＝ブリヂストンサイクル／0120-72-1911
オーストリッチ＝アズマ産業☎03-3854-5251
キャットアイ＝キャットアイ☎06-6719-6863
キャメルバック＝ライトウェイプロダクツジャパン☎03-5950-6002
ジャイアント＝ジャイアント☎045-505-0111
スゴイ＝T&N☎0795-40-9111
スペシャライズド＝ダイワ精工☎0424-79-7774
スント＝イワタニプリムス☎03-3555-5605
テルツォ＝PIAAテルツォ事業部☎03-5423-5011
トレック＝トレックジャパン☎078-413-6606
ビアンキ＝サイクルヨーロッパジャパン☎03-3255-2431
モンベル＝モンベル 0088-22-0031

丹羽隆志（にわ・たかし）
1987年のチベット遠征でマウンテンバイクに出会い、90年代前半はアメリカ・モンタナ州でガイドなどを経験。『サイクルスポーツ』（八重洲出版）など、多くのメディアで、フィールドを駆け回る魅力を伝えるほか、マウンテンバイクツアー「やまみちアドベンチャー」を主宰。どこに行っても「ここが世界でイチバン!」といっては周りを困惑させる。『バックカントリー・マウンテンバイキング』、『MTBやまみち入門』（共に山と溪谷社）など著書多数。
【やまみちアドベンチャー】身近なフィールドでマウンテンバイクを楽しむ「里山ツアー」や、都心の魅力を再発見する「東京シティライド」、おしゃべりサイクリングで体脂肪を燃焼させる「フィットネスライド」などを東京近郊で開催。URL=http://www.yamamichi.jp/　e-mail=info@yamamichi.jp　fax=0480-35-2024

中村 規（なかむら・ただし）
中東や北海の海上油田等で石油会社のエンジニアとして勤務後、退社。フリーランスのカメラマンとなる。定期的にスコットランドを訪れ、ウイスキーの蒸留所と人々を撮り続けている（飲み続けている!）。愛飲しているのはアイラ島のスモーキーなウイスキー。ひょんなことから「やまみちアドベンチャー」のツアーを手伝い始め、自転車の世界に足を突っ込む。学生時代から東京の街を走り回っていた経験を生かし、「東京シティライド」のスタッフとしても活動中。「街乗り最高!」と信じて疑わない。

東京周辺自転車散歩

2004年4月10日　初版第1刷発行
2004年7月20日　初版第2刷発行

著　者——**丹羽隆志＋中村 規**
発行者——**川崎吉光**
発行所——**株式会社山と溪谷社**
〒105-8503　東京都港区芝大門1-1-33
電話　03-3436-4046（編集）　03-3436-4055（営業）
http://www.yamakei.co.jp/
振替　00180-6-60249
印刷・製本——**大日本印刷株式会社**

ISBN4-635-24205-6